应用文写作理论与实践研究

李小亚 著

中国商务出版社

图书在版编目（CIP）数据

应用文写作理论与实践研究 / 李小亚著. —北京：中国商务出版社，2021.1（2023.3重印）
ISBN 978-7-5103-3730-7

Ⅰ.①应… Ⅱ.①李… Ⅲ.①汉语－应用文－写作－研究 Ⅳ.①H152.3

中国版本图书馆CIP数据核字（2021）第017538号

应用文写作理论与实践研究
YINGYONGWEN XIEZUO LILUN YU SHIJIAN YANJIU

李小亚 著

出　　版：	中国商务出版社
地　　址：	北京市东城区安定门外大街东后巷 28 号　邮编：100710
责任部门：	职业教育事业部（010-64218072　295402859@qq.com）
责任编辑：	周　青
总 发 行：	中国商务出版社发行部（010-64208388　64515150）
网　　址：	http://www.cctpress.com
邮　　箱：	cctp@cctpress.com
排　　版：	乜春瑞
印　　刷：	河北赛文印刷有限公司
开　　本：	710 毫米 ×1000 毫米　1/16
印　　张：	12.5　　　　　　字　　数：235 千字
版　　次：	2021 年 3 月第 1 版　　印　　次：2023 年 3 月第 2 次印刷
书　　号：	ISBN 978-7-5103-3730-7
定　　价：	32.00 元

凡所购本版图书有印装质量问题，请与本社总编室联系。（电话：010-64212247）

版权所有　　盗版必究（盗版侵权举报可发邮件到本社邮箱：cctp@cctpress.com）

前　言

当前，中国已进入全面建设小康社会、加速推进现代化建设的历史阶段。高效率的管理工作、日益重要的信息交流都需要高素质的有较强写作能力的人才。全面实施素质教育是我国 21 世纪初教育改革和发展的主要目标。现代写作活动是直接提高现代人文化素质的实践活动。写作活动的成果——文章是写作者多方面素质的综合体现。

写作课是一门实践性很强的课程，教师不能仅停留在传授写作理论知识的层面上，而要从培养适应现代社会需要的富有创造精神和竞争能力的学生的高度出发，通过严格的、科学的训练，使学生在理论与实践的结合上掌握写作规律，提高写作能力和水平，并在写作实践中培养学生健全的人格、高尚的情操、坚强的意志、认真的态度，实现既传授写作本领又提高学生全面素质的双重任务。

为此，作者经过认真准备，收集了大量相关素材，进而编写了《应用文写作理论与实践研究》一书。本书共包括十章：第一章为绪论；第二章为应用文写作概述，对应用文的概念、性质、特点、读者、主旨、材料、结构、语言以及应用文写作的主要表达方式进行了简要阐述；第三章到第十章为本书的重点部分，分别对公文类文书写作、事务文书写作、公关礼仪文书写作、职场文书写作、经济文书写作、常用法律文书写作、学术文书写作和新兴文书写作进行了阐述。

本书针对社会生活中的现实需要，对内容进行了精心的选择。相信通过对这些内容的学习，读者的应用文写作能力将得到极大提高。全书内容简明扼要，条理清晰。

著者在编写过程中参阅了大量有关应用文写作方面的著作，引用了许多专家和学者的研究成果，在此表示诚挚的谢意！由于时间仓促，作者水平有限，错误和不当之处在所难免，恳请广大读者在阅读时多提宝贵意见，以便修改与完善。

作　者

2020 年 9 月

目 录

第一章 绪 论 ··· 1
第二章 应用文写作概述 ··· 4
   第一节 应用文基本知识介绍 ··· 4
   第二节 应用文写作四要素：主旨与材料、结构与语言 ·································· 9
   第三节 应用文的主要表达方式 ·· 13
第三章 公文类文书理论分析及其写作实践研究 ·· 16
   第一节 公文简述 ·· 16
   第二节 命令、决议与决定的写作 ·· 25
   第三节 公报、公告与通告的写作 ·· 30
   第四节 意见、通知与通报的写作 ·· 35
   第五节 报告、请示与批复的写作 ·· 41
   第六节 函、议案与会议纪要的写作 ·· 48
第四章 事务文书理论分析及其写作实践研究 ·· 54
   第一节 事务文书简述 ·· 54
   第二节 计划、总结与调查报告的写作 ··· 55
   第三节 演讲稿、申请书与倡议书的写作 ·· 64
   第四节 启事、简报与海报的写作 ·· 69
第五章 公关礼仪文书理论分析及其写作实践研究 ··· 76
   第一节 公关礼仪文书简述 ·· 76
   第二节 欢迎词、欢送词、答谢词和慰问信的写作 ······································· 77
   第三节 请柬、聘书、开幕词和闭幕词的写作 ··· 83

第四节　介绍信、证明信、感谢信和贺信的写作 …………… 88

第六章　职场文书理论分析及其写作实践研究 ………………… 93
　　第一节　职场文书简述 ……………………………………… 93
　　第二节　简历、求职信、辞职信的写作 …………………… 94
　　第三节　述职报告的写作 …………………………………… 97
　　第四节　申论的写作 ………………………………………… 98

第七章　经济文书理论分析及其写作实践研究 ………………… 103
　　第一节　经济文书简述 ……………………………………… 103
　　第二节　市场调查报告和市场预测报告的写作 …………… 105
　　第三节　商业广告、软文和产品说明书的写作 …………… 108
　　第四节　经济合同、经济活动分析报告的写作 …………… 116
　　第五节　招标书、投标书的写作 …………………………… 120

第八章　常用法律文书理论分析及其写作实践研究 …………… 124
　　第一节　法律文书简述 ……………………………………… 124
　　第二节　授权委托书、公证书的写作 ……………………… 126
　　第三节　民事反诉状和民事答辩状的写作 ………………… 128
　　第四节　民事起诉状、上诉状和申诉状的写作 …………… 130

第九章　学术文书理论分析及其写作实践研究 ………………… 136
　　第一节　学术文书简述 ……………………………………… 136
　　第二节　科技论文的写作 …………………………………… 137
　　第三节　毕业论文的写作 …………………………………… 158
　　第四节　实验报告的写作 …………………………………… 162

第十章　新兴文书理论分析及其写作实践研究 ………………… 166
　　第一节　新兴文书简述 ……………………………………… 166
　　第二节　新媒体类应用文的写作 …………………………… 169
　　第三节　地方政务微信写作 ………………………………… 178

参考文献 ………………………………………………………… 190

第一章　绪　论

在新的时代背景下，社会关系日益复杂，社会事务日渐繁重，处理程序更加规范，应用文的使用范围越来越广泛。无论社会组织还是个人，在处理公务和私事时都离不开应用文。因此，掌握应用文的相关知识具有十分重要的意义。

随着社会的发展，为适应社会生活的各种需要，应用文也在不断地发展、变革。这里，只能简要地勾勒出一个发展的轮廓。如果说，从殷商甲骨刻辞的出现到秦统一中国这一时期是应用文的初生期，那么，从秦、汉到明和清，则是我国应用文不断发展并走向成熟稳定的时期。

秦统一中国，建立起封建专制主义中央集权的政权，并实现了"书同文"。政治的统一和文字的统一，为公务应用文统一创造了条件，由李斯等制定了公文程式，对公文写作作了一系列规定，产生了"避讳"制度、"抬头"制度、"用印"制度等。这些都标志着公务应用文的成熟。1975年12月，在湖北云梦睡虎地秦墓出土了1100余枚秦简，其中大部分是秦代的法律和公文，另外还有两件前线士兵写给家中的信，可见书信这一文种在当时已经盛行了。

汉袭秦制，公务文书有了新的发展，产生了书、议、策、论、疏等公文体式，明确皇帝对臣下用诏、制、策、敕，臣下对皇帝则用章、奏、表、议，在表述上也采用了相对固定的格式，为公务文书走向程式化开了先河。汉代重视应用写作人才，把应用写作列为选拔人才的考试内容。这就使得许多有才学的人致力于应用写作，产生了众多名篇佳作。如贾谊的《陈政事疏》《论积贮疏》，晁错的《言兵事疏》《论贵粟疏》，司马相如的《上书谏猎》《喻巴蜀檄》等，至今仍脍炙人口。

魏晋南北朝历时360多年，在应用文发展上占有重要地位，是应用文发展的重要时期，不仅在写作实践上名家名篇迭出，而且对应用文写作理论进行了大量的探索和研究，为我们留下了宝贵的理论遗产。

隋、唐、宋时期，是中国古代应用文发展的高峰期。其特点是名家辈出，名篇如云。隋代时间短，隋文帝曾诏令"公私文翰，并宜实录"。李谔的

《上隋文帝请革文华书》批评了前代的浮艳文风，要求"屏黜轻浮，遏止华伪"，强调了应用文的实用性，在应用文发展上起过积极作用。

元、明、清是我国古代应用文的稳定发展时期。随着封建王朝中央集权化，公牍文书更为严格，应用文各体趋于定型化，但于国危民难之时，也不乏惊世之作，这一时期对隋、唐以后的新文体做了研究，在应用文理论研究上也有了新的进展。公牍文书，如海瑞的《治安疏》、杨继盛的《弹严嵩书》、张居正的《陈六事疏》、林则徐的《钱票无甚关碍宜重禁吃烟以杜弊源片》、康有为的《请废八股试帖楷法试士改用策论折》等，都充分体现了公牍文书匡时济世的重要作用。这一时期私人书信得到较大发展。

1911年的辛亥革命，推翻了清王朝，结束了君主专制制度；1919年的五四运动以后，中国进入了新民主主义革命时期；1949年新中国成立，标志着社会主义革命、建设的开始。社会的巨大变革，也必然引起应用文的变革。这一时期是应用文由古体到新体的巨大变革时期。

1921年，中国共产党成立后，从组建自己的工作机关起，就有了自己的公文。第一批公文，就是中共全国代表大会所产生的决议、纲领和宣言。1931年，瞿秋白同志代表中央起草了《文件处置办法》。1942年，延安整风运动中不仅颁布了《陕甘宁边区新公文程式》，推进了公文改革，而且毛泽东同志所作的《反对党八股》的报告，对公文写作也产生了极为深远的影响。新中国成立后，中央人民政府政务院于1951年召开了全国秘书长会议，通过并颁布了《公文处理暂行办法》，为新中国公文体裁的确立奠定了基础。

此后，又陆续发布了一系列文件，使我国公文走上规范化、系统化、科学化的道路。党的十一届三中全会以后，1981年2月27日，国务院办公厅发布《国家行政机关公文处理暂行办法》，1987年2月18日，国务院办公厅正式发布《国家行政机关公文处理办法》，经过六年的实践，又于1993年对《国家行政机关公文处理办法》进行了修订，并于1994年1月1日起施行。又经过六年的实践探索，2000年8月24日，国家以国务院的名义发布了新的《国家行政机关公文处理办法》，于2001年1月1日起施行。应该说，经过多次修订，我们已建立起了自己的较为完善的行政公文系统。

为提高党政机关公文的规范化、标准化水平，2012年6月29日，国家质量监督检验检疫总局、国家标准化管理委员会发布了《党政机关公文格式》国家标准（GB/T 9704—2012）。该标准于2012年7月1日起正式实施。此标准是对国标《国家行政机关公文格式》（GB/T 9704—1999）的修订。

党政机关公文是党政机关实施领导、履行职能、处理公务的具有特定效力和规范体式的文书，是传达贯彻党和国家方针政策，公布法规和规章，指导、布置和商洽工作，请示和答复问题，报告、通报和交流情况等的重要工具。

《党政机关公文格式》国家标准按照《党政机关公文处理工作条例》的有关规定，结合这些年来党政机关公文格式的实际应用，对公文用纸、印刷装订、格式要素、式样等作出了具体规定。特别是将党政机关公文用纸统一为国际标准A4型，首次统一了党政机关公文格式要素的编排规则，使党政机关公文的表现形式更加规范。该标准的实施，有利于进一步提高各级党政机关公文制作水平和质量，有力推动了党政机关公文处理工作实现科学化、规范化。

不仅是行政公文，其他各类应用文也在迅猛发展。特别是为适应社会建设的需要，专业应用文如科技、经济、法律、军事、外交诸类应用文得到了长足的发展，新文种不断涌现。

20世纪80年代以来，高等学校纷纷开设应用文写作课，中国写作学会下属的经济写作、科技写作、公文写作、司法文书写作、军事写作等专业委员会，组织各方面专家开展专业应用文研究，取得了令人瞩目的成绩。进入20世纪90年代后，应用文在社会主义市场经济条件下，发展更为迅速，并日趋国际化、现代化、专业化。建立应用文写作理论体系和基本功训练体系，向全社会普及应用写作知识，在小学、中学、大学分阶段加强应用文写作教学，是时代的需要、社会的呼唤。

第二章 应用文写作概述

第一节 应用文基本知识介绍

一、应用文的概念

应用文是指国家机关、企事业单位、社会团体或个人在日常工作和生活中处理公务或个人事务时经常使用的具有惯用格式的文书。

在我国，应用文的起源十分久远。据《周易·系辞》记载："上古结绳而治，后世圣人易之以书契，百官以治，万民以察。"这段文字说明，远在文字产生之前，人们就产生了对应用文的写作要求。可见，应用文从它诞生的那一刻起，就与"用"结下了不解之缘。河南殷墟出土的甲骨文是我国最古老的规范文字的物证，距今已有3500多年的历史。这些文字刻在龟甲兽骨上，主要记载当时殷商王朝的占卜内容，故称"卜辞"。受书写材料的限制，文字相对简短。所记除干支数字以外，内容涉及世系、天象、食货、征伐等事项，文辞古朴简略，真实保留了当时社会的痕迹，其中有些可视为殷商王室的档案资料和处理国事的文书，这可以说是我们至今看到的最古老的应用文。随着社会生产力的发展，书写材料也在发生着变化，西周时冶炼技术发展很快，青铜器大量生产，上面铸有文字，被称为"铭文"。自此而后，一些有保存价值的内容常被铸鼎记载或公布。后来，应用文的书写材料经历了竹石、布帛，再到纸张的变化。

随着社会的发展和国家管理职能的强化，应用文的种类不断增加，撰制也逐渐规范。在长期的奴隶社会、封建社会中，以官府公文为主的应用文有"诏""诰""命""制""旨""谕""敕""策""令""符""教"等下行文，有"章""奏""表""疏""启""状""笺""驳议"等上行文，还有"关""移""咨""刺""平牒""照会"等平行文。

对于应用文的名称，古代也有不同的说法，如"书""简""策""文案""文簿""文牍""尺牍"等。到了清代，才正式提出"应用文"的概念。清刘熙载在

《艺概·文概》中说:"辞命题,推之可为一切应用之文。应用文有上行,有平行,有下行,重其辞乃所以重其实也。"

二、应用文的性质

应用文写作是以实用为目的的写作实践活动。从总体角度来说,它是研究应用文体写作基本理论、基本知识和基本技能的一门学问;从接受美学的角度来看,写作活动应具备写作主体、写作客体、写作本体和写作受体四个基本要素,这四个要素构成一个完整的有机的写作系统。

(一)写作主体

写作主体,即文章的作者,是写作过程中客观事物的反映者和主观意识的表达者,在整个写作活动过程中处于中心地位,并起着指导的作用。因此可以说,写作主体自身的素质、能力等在很大程度上决定了应用文质量的好坏。

(二)写作客体

写作客体是指在写作过程中反映出来的客观事物,体现在写作的内容上,即是"应付生活"和"用于实务",是为现实生活直接服务的,并且将随着社会的发展而不断发展。

(三)写作本体

写作本体是指用于表现写作内容的文章体式和传播媒介,具体来说,是由书面语言和辅助语言构成的语言文字表达系统。其中,书面语言包括文章表达方式和文章结构方式。文章表达方式,即叙述、描写、说明、议论和抒情。文章结构方式,即篇章、层次、段落、句子、文面等。需要说明的是,应用文的写作本体具有固定的文本模式和外观体式。

(四)写作受体

写作受体,即写作成品完成后的阅读者,可以是个人,也可以是群体。需要指出的是,应用文的写作受体往往是国家机关、企事业单位、社会团体以及其他组织或个人,具有非常明确的目的指向性。

三、应用文的特点

应用文具有显著的特点,概括来说主要包括以下几个方面。

(一)真实性

在写作应用文时要求所选用的材料必须是真实的,所涉及的人、事、物必须是现实生活中客观存在的,文中所引用的数字、数据、图表等必须是经过科学测算的。真实性是应用文的生命,若失去了真实性,应用文便失去了它的使用价值。

(二) 规范性

应用文是通过长期发展约定俗成的,具有统一的文体、格式要求和标准。例如,要公布社会各有关方面应当遵守或周知的事项时,应使用通告;要表彰先进、批评错误、传达重要精神或情况时,应使用通报。

(三) 简明性

简明性是指应用文在表述上要简单明了,文字准确朴实,主旨单一。应用文具有简明性的特点,一方面可以提高办事效率,另一方面可以尽可能地避免理解上的歧义、含混,从而减少处理上的偏差。

(四) 实用性

应用文的写作目的不是为了审美,而是为了解决实际问题,具有很明确的实用性。如写一则新闻,就能达到传递消息的目的;写一份公文,就能发挥其管理职能。任何一篇应用文都有特定的目的和需要解决的实际问题。

(五) 时效性

在写作应用文时必须讲究时效。例如,会议通知,就一定要在开会前写完并发出。若会议开过后才写完,便失去其效用了。

(六) 针对性

针对性是指应用文的观点、意见或条款所运用的素材都是针对有关的实际事物或具体问题的。例如,书信是写给收信人看的;通知是为特定的人而写的;假条、借据等都是针对某事项为特定的对象而写的。特别是行政文书,针对性更为明显,非专职行政人员无权起草行政文书,行政文书的读者也十分明确,是主送机关或部门的有关人员,有的行政文书还会对读者的范围作出明确的规定。

(七) 广泛性

广泛性是指应用文在日常工作、生活、学习中,应用十分广泛。这是因为,应用文是处理事务、沟通关系的书面工具,在日常工作、生活、学习中,人们几乎随时随地都会用到它,可以说,人类社会的一切活动,都离不开应用文。

四、应用文的功用

作为一类特定的文体,应用文有着自己独特的功用。应用文的使用十分广泛，涉及社会生活的各个领域。就其最基本的社会功用而言，可概括为如下五个方面。

（一）法规、准绳功用

在公务应用文中，有相当一部分是用于公布法律和行政法规的。如《宪法》和依据宪法制定的《刑法》《民法》《刑事诉讼法》等国家基本法律，公文中的条例、规定、通则等，一经有关权力机关通过并发布施行，就具有法规、准绳作用，任何人都要自觉遵守，不得违反，否则将受到不同程度的处罚。另外，像布告、通告等公文，如要求下属机关以及有关人员"遵照执行"的，或要求人民群众"共同遵守"的，也在相应范围内具有法定的权威性和不可逾越的约束力，发挥着法规作用。现代应用文在加强社会主义法制、维护社会秩序上的作用，已越来越受到人们的重视。

（二）指挥、管理功用

自古以来，应用文就是对社会进行管理的工具。今天，日趋现代化、高效率的管理工作，对现代应用文提出了更高的要求。在党政机关、企事业单位、群众团体的公务活动中，上级机关对下级机关发布的公文如决定、指示、批复等都起着指挥作用，下级机关必须"遵照执行"或"参照执行"。这样，中央的方针、政策才能逐层下达，深入人民群众中去并化为全国人民的自觉行动，各具体单位的各项工作，才能统一步调，有秩序地开展。同时，下级机关所作的请示、报告、总结等及时反映基层的情况，也为中央制定方针、政策，及时指导工作提供依据。这种应用文是管理工作中不可缺少的有机组成部分，文书的起草、定稿、发布是与管理行为同步发生的。离开机关应用文写作，各方面的管理工作就无法进行。即使将来办公自动化了，也代替不了人在管理上的作用，也离不开应用文写作，只是更讲究规范和更注重效率而已。

（三）联系、协调功用

现代社会里，人的活动范围更加广泛，群体与群体、群体与个人、个人与个人都存在着千丝万缕的联系，需要加强联系，互通信息，处理好人际关系。社会化大生产越发展，专业化水平越高，分工就越细，越需要部门之间、组织之间的合作，越需要做好联系、协调的工作。应用文就是联系、协调的工具之一。机关应用文在交流信息、沟通上下左右关系，以求相互协作完成任务方面的作用已为人们所熟知。其实，个人与个人之间、个人与群体之间，也需要相互了解、联络感情、商量事情、协调行动，书信这一文种从古到今受到重视就是证明。而带有公关礼仪性的应用文，在联络感情、促进协调方面所起的作用，也越来越受到人们的关注。至于协议书、合同之类文书在经济活动中的协调作用，更是在市场经济条件下得到了充分的发挥。我们应切实强调应用文在人际关系协调上的作用，运用好这一工具来处理好日趋复杂的人际关系。

（四）宣传、教育功用

应用文是用来处理公私事务的，但要处理好公私事务，必须让人们知道应该做什么、为什么要做、怎样去做。这就需要厘清事实，讲道理，实际上是在进行宣传、教育。行政公文的发布，是在传达党的路线方针、政策，而人们在学习、理解、贯彻、执行的过程中，也会受到深刻的教育。在市场经济条件下，应用文的宣传、教育作用，又有了新的表现。众多企事业单位运用应用文这一宣传工具，宣传组织形象、传播组织信息，以期扩大自身影响，提高自身的知名度和美誉度，赢得社会的信任和支持。当然，我们可以说其他各类文体的文章都有宣传、教育作用，因为所有文章都是信息的载体，从传播学角度来讲，宣传就是人与人之间信息的传递和分享。之所以在这里强调应用文的宣传、教育作用，是因为它的宣传、教育是与处理公私事务相结合的，效力更直接、更显著。

（五）凭证、依据功用

应用文的凭证、依据功用在不同文种中有程度不同的表现。就机关公文而言，每份公文都反映着制发机关的意图，收文机关以此为依据去处理工作、解决问题。如果没有必要的公文作为凭证和依据，各个机关之间的公务联系必然被削弱，各个机关将难以开展正常有秩序的工作。就契据文书而言，其凭证作用更为明显，如协议、合同等作为双方彼此确定的权利和义务的依据，凭证双方都要信守，任何一方违约，都会因此被追究责任。其他如会议记录、介绍信、证明信，甚至书信、日记，都可以作为凭证。应用文是办事用的，有时效性，某件事办完了，其作用也随之消失。但是某些应用文，作为真实的历史记录，在完成其现实作用后，将被立卷归档，作为文献资料留供后人查考，则也起着凭证作用。

应用文的五个方面的功用是互相联系的，要作为一个整体去理解。事实上，往往是一个文种乃至一篇应用文，同时发挥着几方面的功用，而不是单一的功用。随着信息时代、知识经济时代的到来，现代应用文与社会发展、人们生活之间的关系越来越密切，使用频率也越来越高，还会有更多的功用表现出来。因此，我们在应用文写作实践中，不仅要努力发挥它现有的五个功用，还应该不断总结新经验，充分发挥出它应有的和新出现的功用。

第二节 应用文写作四要素：主旨与材料、结构与语言

一、应用文的主旨

应用文体的主旨是作者对文中涉及事件的观点、态度或解决问题的措施或方案。由于写作需要、文种特性的不同，应用文体的主旨有多种表现，它可能是一种指令、一种愿望和请求、一种经验的概括或者是一种共同遵守的约定。应用文对主旨的要求如下。

（1）完整。主旨要完整，在应用文中提出问题后，要分析问题并解决问题，不能只提出问题而不去解决。

（2）明确。主旨要清晰明确，对内容的描述必须是正确的，表达主旨的语言必须是肯定的。

（3）有针对性。主旨要有针对性，要回答现实生活和实际工作中需要解决的问题。

（4）正确。应用文的主旨必须符合党的路线、方针、政策和国家的法律法规，必须符合客观的实际情况，反映客观事物的本质规律，对工作有积极指导作用。

（5）集中。主旨集中是指应用文应集中表达一个主旨，突出一个重点，围绕一个中心思想把问题说清说透。只有主旨集中，才能使文章更容易被对方理解，使有关事项更便于处理，有关规定更便于执行。

二、应用文的材料

应用文的材料是指形成主旨和表现主旨的事实和理论，是撰文者在现实的公务活动中搜集、摄取、写进应用文并表现主旨的全部事实和理论。根据不同的标准可以将材料分为不同的类型。

根据性质，可以分为正面材料和反面材料两大类；根据内容，可以分为事实材料和理论材料两大类；根据时间，可以分为历史材料和现实材料两大类；根据来源，可以分为直接材料和间接材料两大类；根据详略程度，可以分为具体材料和概括材料两大类；根据材料在文章的地位和作用，可以分为主体材料和辅助材料两大类。

三、应用文的结构

应用文的结构主要有以下作用。

（1）使应用文言之有体。"体"指体裁，应用文在长期的写作实践过程中，

大都形成了比较固定的结构形态，不同的应用文的结构会有所区别，从而会体现出自身的文体特点。

（2）使应用文言之有序。合理的结构可以将零散的材料进行有序的排列，形成一个条理清楚的有机整体。

（3）使应用文言之成文。精心安排的结构可以增加应用文的文采，增强可读性。

结构的安排就是指文章的谋篇布局。应用文结构的安排要遵循以下几点要求。

（1）严谨自然。严谨自然是指文章结构的安排要精当严密，顺理成章。具体来说，要思路清晰、思维严密，层次段落的划分要恰当，以主旨贯穿全文始终，不蔓不枝。

（2）完整匀称。一般来说，应用文都会有开头、主体和结尾三部分，三部分比例要协调，特别是主体部分，要详略得当，只有这样才能够浑然一体。

（3）清晰醒目。清晰醒目是指文章要纲举目张，有明确的标题。一般来说，常用文书都会采用加小标题、写段首撮要等形式用以明确结构，尤其是在一些法规性文体中最为明显。

应用文结构的基本要素如下所述。

（一）开头和结尾

开头和结尾是应用文正文的重要组成部分，在文章结构中有着特殊的地位和作用。

1. 开　头

开头，又称"起笔"，即从哪儿下笔，从什么地方写起。开头是全篇文章的第一步，具有提起正文、统领全篇的作用。由于应用文突出强调实用性，所以应用文的开头讲究"直"，禁忌"曲"，要求开门见山，直奔主旨，不要转弯抹角。这也是应用文区别于其他文章体裁的显著特点。

需要注意的是，有的文种没有单独的开头，如转发、印发类通知等。在实际的应用文写作中，开头的方式是灵活多样的，不一定局限于某一种，而是可以将多种方式结合在一起使用。

2. 结　尾

所谓结尾，是指文章正文主干部分的自然延伸和归结，是对全文的收束，通常起强化主题、完成任务的作用。另外，也有的应用文会根据主旨和内容的表达需要，将结尾融入主体，意尽而言止，自然结尾。

（二）段落和层次

每一篇应用文中均有段落和层次。划分层次、段落是理顺文章思路，显示文章表现次序的基本环节。

1. 段　落

段落，也称自然段，是文章层次的基本构成单位，是文章内容在表达时因转折强调、间歇等情况形成的文字停顿。它以"换行"为明显标志。分段的主要目的是帮助读者理清文章的层次和理解文章内容的联系。在进行段落的划分时要遵守以下几条原则。

（1）完整性原则。完整性原则即把一个意思在一个段落里集中讲完，不要把完整的意思拆得七零八落。

（2）单一性原则。单一性原则即一段只能说明一个问题，只能有一个段意，不能把不相干的意思放在一个段落里。

（3）连贯性原则。连贯性原则即各个段落之间要有内在联系，每一段都是全篇的一个有机组成部分。

（4）匀称性原则。匀称性原则即分段要适当，注意整体的匀称，做到轻重相当、长短合度。

2. 层　次

层次是指文章内容的表达次序，也就是常说的"意义段""逻辑段"。层次着眼于思想内容的安排，展示了作者基本思路的走向和文章内容展开的自然逻辑顺序。任何一篇应用文的层次都只能是主旨统率下的有机体。由于主旨的要求不同，层次的表现形式也不同。

（三）过渡和照应

过渡和照应能使文章思路彰明、结构严谨，是使文章气血贯通、脉络分明的重要手段。

1. 过　渡

过渡是指行文之中的转换和衔接，起承上启下的作用。过渡有利于使文章成为一个有机整体，有利于主旨的表达及读者的阅读理解。过渡的形式一般有以下几种。

（1）词语过渡。词语过渡，即使用"然而""但是""因此""综上所述"等关联词进行过渡，这些关联词一般放在段首或句首。

（2）句子过渡。句子过渡，即使用起承上启下作用的句子进行过渡。这种过渡在公文中最为突出，一般在开头中提出缘由、目的之后，便用"现通报如下""现决定如下""现指示如下"等句子承上启下，转入正文撰写之中。

（3）段落过渡。段落过渡，即用一个自然段作过渡，常用于两个段落或两个层次之间。

2. 照　　应

照应是指文章在前后内容上的关照和呼应。由于文学创作讲究结构上的波澜起伏、回环跌宕，常常是前有伏笔，后有照应，因此照应这一手法使用得极为普遍。而在应用文写作中，讲究的是结构上的平直，不强调结构上的曲折变化，所以，照应常用于使前后内容保持一致，增强文章的说服力，这一手法在调查报告中用得最多。照应的形式一般有以下几种。

（1）文题照应。文题照应即文章内容照应标题，如以小标题或段首领句点题、段尾结句应题，都属于文题照应。

（2）首尾照应。首尾照应即在结尾处对开头的观点作小结，或作进一步强调，使文章内部联系得到强化。

（3）行文前后照应。行文前后照应即围绕主旨在行文中多次呼应，加深读者的印象。照应既可使观点得到强调，又可使文章显得紧凑、连贯。

四、应用文的语言

语言是人类最重要的交际工具，用来表达、交流思想。对应用文来说，语言是表达主旨、说明事理、解决现实问题、构成文章的物质形式。对应用文来说，其语言主要有以下几个特点。

（1）确切性。应用文语言的虚假、漏洞，将使应用文传递的信息失真，而失真的信息一旦作为领导决策的依据，或者作为下级贯彻执行上级指示的依据，均会给工作造成重大的失误。因此，应用文的语言具有确切性的特点。

（2）模式性。应用文语体具有社会化和稳定化的特征，在长期的反复实践中，形成了模式化的语体规律。

（3）平实性。撰写应用文不同于文学创作，它不带有让读者欣赏的目的，讲究语言的平直自然，通俗易懂。这是由应用文的工具性决定的。

（4）简明性。应用文是社会组织管理行为的工具，具有极强的现实应用价值和实效特点，众所周知的大道理不写，需要了解或已经知道的不写，不可以长篇大论，而是要开宗明义、简洁明了地表达行文意图。

（5）得体性。应用文在行文时，要求考虑作者自己的身份、阅读的对象、写作的目的,甚至还要考虑到与客观环境的和谐一致、恰到好处。例如,行政类应用文的语言说什么,不说什么,说到什么程度,用什么语气,选用什么样的词汇,都有相应的要求,因此,应用文具有得体性的特点。

对应用文来说,语言要求主要有以下几点。

(1)简短清晰。应用文写作以传递信息、处理公私事务为己任,具有很强的时效性和实用性,因此,应用文要做到文字少而精,文章短而清晰。

(2)一文一事。应用写作要做到一文一事,概述事实的主干,不纠缠于细枝末节。

(3)准确。准确包括:第一,用词准确,表意明确;第二,所写内容要准确;第三,应用文的语句要规范,具体来说要做到成分完整、造句符合逻辑、词语搭配恰当、正确使用标点;第四,所列的数字、事例、话语要准确。

第三节 应用文的主要表达方式

表达方式是指在写作中运用语言来反映情况、陈述事理、说明问题、阐明观点的具体方法和手段。通常情况下,语言表达方式有叙述、说明、议论、抒情和描写五种。应用文是国家机关、执政党、企事业单位、社会团体和个人在日常工作和生活中,为处理公私事务而使用的具有固定格式的实用性文体,因而没有太大的抒情和描写空间。所以,应用文最常用的表达方式主要是叙述、说明和议论,一般不使用抒情和描写。

一、叙 述

叙述是把人物的经历和时间发展变化的过程,叙说和交代出来的一种表达方式,一般包括时间、地点、人物、事件、原因和结果六要素,主要用来介绍事件的基本情况,介绍事件发生、发展与变化的过程,介绍人物的经历和事迹,介绍问题的来龙去脉、说明原委等。在应用文中,使用叙述这种表达方式主要有以下几个特点。

(一)顺叙为主

顺叙是最常见的叙述方式,主要按照事情发展的顺序进行叙述,从开端、发展、高潮写到结局。在文学作品中,多种叙述方式可以交叉使用,故事情节多用曲笔,创造出波澜起伏、悬念迭起直到结局才会真相大白和恍然大悟的效果。而应用文的目的在于实用,让读者一看就知,一听就懂,明白晓畅,便于执行,因此,应用文的写作常采用顺叙的方式。

（二）讲究实叙

实叙即以客观事实为基础，直陈其事，实叙其事。真实是应用文的生命，是写作应用文应遵循的原则。在叙述过程中，要避免掺杂个人感情和主观臆测。要达到实叙的目的，写作者要本着实事求是的原则，在动笔之前到现场进行深入的调查，把握好叙事的尺度。

（三）注重概述

叙述有详述与概述之分。详述往往是作者在要着重告诉读者的地方，采用细节描写加以表现；而概述，则是一种粗线条的、轮廓性的叙述，是一种概括性的叙述。应用文重在以理服人，注重分析情况、提出建议和解决问题。应用文如果叙述啰唆、冗长，不仅读之令人生厌，而且会耽搁宝贵的时间，降低办事效率，因而应用文体的写作要注重概括叙述。

二、议　论

议论是对事物进行客观分析、推理和评论，表明作者的主张、态度和立场的一种表达方式。一般说来，议论包括论点、论据、论证三部分。论点是作者在文章中提出的观点、见解或主张，是议论文的中心。论据是用来证明论点的根据，包括事实、引言、数字、科学公理等。论证是运用论据证明论点的过程，从而揭示论据和论点之间的内在联系。论证通常包括立论和驳论两类方法。应用文着重在实际问题的解决，以客观事实为基础，以明确的政策、法规为依据，论证力求简明。因此，应用文的议论所采取的论证方法主要有以下几种。

（一）分析法

分析法就是通过分析问题、剖析事理，揭示事物之间的内在关系，来证明论点的一种方法。分析法有助于增强论证的科学性与说服力，使议论深入透彻。如果应用文的论题较大，或证明的论点较为复杂，在进行议论的时候，可采用分析法。

分析法可分为"多角度分析"和"多层次分析"两种。"多角度分析"是采用并列的方式，从多个角度来分析事物发展的原因，更充分地说明事物的客观因果关系。"多层次分析"采用递进的方式，对事理的分析逐步深入的一种方法。在议论中，如果把分析法和例证法、引证法结合起来使用，效果会更好。

（二）例证法

例证法就是用典型的事实作为论据举例说明的方法。由于应用文写作强调真实，因而在议论过程中，大多采用例证法。使用这种方法的目的，在于通过列举事实，归纳推理，使论点"站立"起来。

使用例证法要注意两点：第一，所叙述的事实不可过详，以免喧宾夺主，本末倒置；第二，要精选典型的事例，注意角度的变换，不要简单地罗列同一类的材料。

（三）对比法

对比法就是将两种相反的情况加以比较，以此为论据说明论点的方法。在议论过程中，有时候举出一个孤立的事实或数字很难说清问题，所以必须采用对比的方式，使事情一目了然。对比法可以分为"纵比"和"横比"两种。纵比是把历史和现状、过去和现在进行对比；横比是把这种现象和那种现象、这个人和那个人进行对比。使用对比法，要注意不能把互不相关的事情扯在一起，以免造成混乱。需要指出的是，任何一种表达方式，都是为表现文章主旨服务的。在实际的应用文写作中，叙述、说明、议论三种表达方式是相互配合、综合运用的。同时，不同的文体在运用表达方式时，由于受文体特征的制约，在选择时往往是有所侧重的，因此根据文体要求来选用恰当的表达方式，是保证应用文写作质量的重要条件。

三、说　明

说明是指用简明扼要的文字，把事物的形状、性质、特征、成因、关系、功用、规律等解释或介绍清楚，把人物的经历、特征表述明确的表达方式。在应用文写作中，经常使用的说明方法有以下几种。

（1）定义说明。定义说明就是通过下定义的方式对事物的本质属性作出界定，明确其内涵与外延，使之与别的事物区别开来。这是一种比较严密、比较科学的说明方法，既指明了事物的本质特点，又确定了该事物的范围与界限。

（2）比较说明。比较说明就是通过将相似或不同的事物进行对比、类比来揭示事物的性质和特征。比较说明常用于为突出事物的特点而采用的一种方法，可以借用数字、图表、照片等加以对照，让人们从中发现特点，看到优势所在。

（3）举例说明。举例说明就是通过个别认识一般，以具体、典型的事例来说明事物。对于抽象、复杂的事物，通过选取具有代表性和说服力的典型事例加以解释、说明，人们往往更容易理解。

（4）数字图表说明。数字图表说明就是用统计数据和图表来说明对象。有的问题用文字不容易说清楚，需要数字、图表与文字的解说配合起来，才能使人一看就明白。

第三章 公文类文书理论分析及其写作实践研究

公文是在行政管理过程中形成和使用的一种实用性非常强的文书,是依法行政和进行公务活动的重要工具,种类非常多。本章对各类公文类文书的写作进行简要阐述。

第一节 公文简述

公文即公务文书,有广义与狭义之分。广义的公文指国家党政机关、社会团体、企事业单位在公务活动中使用并形成的,按一定的程序和要求制作的,具有特定格式的各种文书。狭义的公文又称法定公文,是指党和国家行政机关各自规定的正式文种。

一、公文的特点与作用

(一) 公文的特点

公文具有显著的特点,概括来说主要包括以下几个方面。

(1) 权威性。公文是由法定机关制发的,它以法律为后盾,受国家法规的保障,具有法定权威性。按法律规定,公文必须由法定的作者在法定的职权范围内制定和使用。一般情况下,公文都由法定组织行文,但在某种特殊情况下也可以以该组织领导人的名义行文,但这也代表其所负责的法定组织。任何个人不得假冒法定机关、社会团体、企事业单位的名义制发公文,否则,其行为将受到法律的制裁。

(2) 政治性。公文是国家党政机关、社会团体、企事业单位等用来沟通、协调、处理上下左右内外关系,进行有效管理、协调管理系统的书面工具,这就决定了它代表国家党政机关、社会团体、企事业单位等的政治意向和根本利益,具有鲜明的政治性。

(3) 时效性。公文要受到时间的限制，具有时效性的特点。具体来说，公文的时效性主要体现在两方面：第一，公文需要及时有效地解决公务活动中存在的问题，通常会限期传达执行；第二，公文在时效上也不是永久的，某一项现行工作完成了，该项工作中公文的作用也就结束了，或者经过时间的检验，发现原文件不够妥善，或者情况发展变化了，又有新的文件发布，因此，原有公文使命完成，便不再发挥现实作用。

(4) 规范性。在长期的使用过程中，公文形成了统一的规范体式，每一种公文都有特定的使用范围、构成要素、表现内容和使用格式，而且公文的处理也必须要遵循一定的程序，程序中的每一个环节也有一定的要求，不能省略或者倒置。

(5) 强制性。公文代表的是法定机关行政指挥意志和领导意图，往往是集体创作，因此，具有法定的强制性，一旦发布生效，与其相关的单位和个人都必须遵守执行，令行禁止。

(6) 读者特定性。公文的读者是明确的、具体的，因为公文一般按规定是以法定的主送机关、抄送机关为特定的阅读对象。

(二) 公文的作用

公文的作用概括来说主要包括以下几个方面。

(1) 明法布政作用。目前，我国很多的法令如国家机关依法发布的命令、决定、公告等都是以公文的形式来颁布的，这些文件对于维持正常的社会秩序、安定社会生活、保障人民的合法权益有着积极的作用。

(2) 指挥管理作用。党政机关、社会团体、企事业单位等都在特定的范围内担负着特定的职责，而这些职业的实施工具就是公文。公文一旦下发，那么下级机关就必须依此执行，相当多的行政公文的起草、定稿过程，实质上就是管理工作的实施过程。由此可见，公文具有指挥管理的重要作用。

(3) 联系沟通作用。公文是应处理公务的需要而产生的，所以，联系沟通是它的一个主要作用。一个机关的公务活动，涉及上下左右各机关的工作联系。各级党政机关、社会团体、企事业单位之间，需要经常地传递信息、沟通情况、商洽联络、交流经验。

(4) 依据凭证作用。公文作为书面凭证记录着行政机关开展各项公务活动的意图、要求和来龙去脉。对于受文机关而言，公文是其按照发文机关意图开展工作、处理问题的依据和凭证。下级机关开展工作的依据是上级机关发布的下行文，上级决策的依据是下级上报的公文，一个机关自行制发的公文，是其履行职能、开展工作的真实记录和凭证。某些公文在完成了现行的作用之后，将立卷、归档。

归档后的公文是历史活动的真实记载，起着记载、凭证和以备查考的作用。

（5）宣传教育作用。公文是进行宣传教育的重要工具。很多公文在发布时，都是针对现实生活中普遍存在的某一问题或认识的偏差，通过摆事实、讲道理，进行启发诱导，使大家明白应该确立什么立场，应该坚持什么原则，进而知道自己应该做什么、怎样做，而且知道为什么要这样去做，从而把党和政府的意图变为广大干部群众自觉的行动。公文的宣传教育作用较之新闻报道、理论文章来说，更具有直接的权威性，也是新闻、广播、电视等媒体进行宣传教育的重要依据。

二、公文的行文规则

行文是指公文在机关内部和机关之间的传递运转。行文规则是各级国家机关或组织在制发公文过程中必须遵守的各项规定和准则。学习和把握行文规则必须首先了解行文关系、行文方向和行文方式。

（1）行文关系。行文关系是根据隶属关系和职权确定的。概括来说，行文关系主要包括：第一，上下级关系。上下级关系是直接隶属的关系，即领导和被领导关系。第二，平级关系。平级关系是在一个系列中的同等级别的机关或者部门、单位之间的关系。第三，非隶属关系。非隶属关系指不是同一垂直系列，不发生直接职能往来的机关及其部门、单位之间的关系。

（2）行文方向。行文方向是以发文机关为立足点向不同机关运行的去向。概括来说，行文方向主要包括：第一，上行。上行指公文向上级机关运行。第二，下行。下行指公文向下级机关运行。第三，平行。平行指公文向同级或不相隶属的机关单位运行。第四，普行。普行指向社会公布的公文。

（3）行文方式。行文方式是指行文的形式和方法。从行为对象上来分，行文方式主要包括：第一，逐级行文。逐级行文是指向直接的上级或者直接下级行文。第二，越级行文。越级行文是指越过自己的直接上级或下级行文。第三，多级行文。多级行文是指向直接上级并呈非直接上级或者向直接下级并转非直接下级的一次性行文。第四，通行行文。通行行文是指向隶属机关和非隶属机关以及社会群体的一次性泛向行文。

根据发文机关进行划分，行文方式主要有单独行文和联合行文两种。根据对象主次进行划分，行文方式主要有主送和抄送两种。

三、公文的格式

行政公文的格式是指其外形结构的组织与安排，即包括哪些要素以及这些要素在页面上的标志构成。格式是行政公文具有法定的权威性和组织约束力在形式上的表现，是区别行政公文与一般文章的重要标志，也是保证行政公文的质量和提高办文效率的重要手段。一般而言，行政公文的格式应当包括用纸格式、印装格式、文面格式和特定格式四个方面。

（一）用纸格式

关于行政公文用纸的幅面规格，《国家行政机关公文处理办法》（以下简称《办法》）中规定应当采用国际标准 A4 型（即 210mm×297mm）。张贴的公文如通告等用纸大小，可根据实际需要确定。

（二）印装格式

即行政公文的印制和装订格式。《办法》第十条第（十四）项规定"文字从左至右横写、横排。在民族自治地方，可以并用汉字和通用的少数民族文字（按其习惯书写排版）"，第十二条中规定公文应当"左侧装订"。

（三）文面格式

国家行政机关的公文文面格式，按照《办法》第十条的规定："公文一般由秘密等级和保密期限、紧急程度、发文机关标志、发文字号、签发人、标题、主送机关、正文、附件说明、成文日期、印章、附注、附件、主题词、抄送机关、印发机关和印发日期等部分组成。"第十一条规定："公文中各组成部分的标志规则，参照《国家行政机关公文格式》国家标准执行。"《国家行政机关公文格式》将行政公文的格式划分为三部分：眉首部分、主体部分、版记部分。每一部分分别包括若干具体格式要素，现分述如下。

1. 眉首部分

眉首是指位于公文首页红色反线以上的部分，由份数序号、秘密等级和保密期限、紧急程度、发文机关标志、发文字号、签发人六项组成。

（1）份数序号。份数序号简称份号，即公文印制份数的顺序号，系指将同一篇文稿印制若干份时，每份公文的顺序编号。份号只在涉及绝密、机密级公文中使用，用阿拉伯数码标志于公文首页左上角。数字前面可编虚位（如 00005）。

（2）秘密等级和保密期限。秘密等级简称密级，是根据公文内容的重要程度而划分的等级，是公文格式的组成项目之一。行政公文的密级分为绝密公文、机密公文和秘密公文三个等级。密级应标志于公文首页右上角第一行的位置，用 3 号黑体字。如需同时标志保密期限，应在秘密等级和保密期限之间用"★"隔开。

（3）紧急程度。紧急程度是对某些急需处理的文件，由发文机关对受文机关提出处理的时限要求。它也是行政公文格式的组成项目之一。紧急程度分为"特急""急件"，标注位置一般在文件首页的右上角处，密级的下方。有的文件在标题中对紧急性质已作了表示，如《关于××××的紧急报告（或紧急通知、紧急指示）》等，就不再另外加注紧急程度标志。要注意行政公文紧急程度的划分只有"特急件"和"急件"两种，标志时一定要准确规范，不可将"急件"写为"紧急""加急"或"急"等。紧急程度也使用3号黑体字标志。如需同时标注秘密等级和紧急程度，则应将秘密等级置上，紧急程度居下。

（4）发文机关标志。也称版头或文头，是指公文首页上端所印制的一行套红大字，用以标志发文机关名称。国家行政机关公文的版头一般有两种构成形式：由发文机关（作者）名称加"文件"二字组成，主要用于下行文；而于上行文，则只标志发文机关名称，不用"文件"二字。

（5）发文字号。发文字号又称发文号、发文编号。它是行政公文格式中一个不可缺少的组成部分，即向外发文的登记编号。编制发文字号，主要是为了便于文件的发出、查询、引用和保管。编制发文字号的方法和要求是：

① 发文字号由机关代字、年份、序号三个要素构成。先是机关代字，中间是年份，最后是发文顺序号。机关代字中应明确发文的含义，如"中发""国发"等；年份要用公元全称，并用六角括号括入；序号不编虚位（即1不编为001），不加"第"字。

② 几个单位联合行文时，不应一文多号，应只标主办机关的发文字号。

③ 发文字号的位置，应以置于版头之下正中位置为宜。上报的公文应置于版头"发文机关标志"的左下侧。

④ 发文字号，一般用3号仿宋体字标志。

（6）签发人。签发人指公文签发人的姓名。公文上标注签发人的姓名，有利于增加决策的透明度，有利于基层和广大干部群众对决策的监督，进一步增强公文签发者的责任感。值得注意的是，只有上报的公文才需要标注签发人，其中"请示"行文应当在附注处注明联系人姓名和电话。其位置必须与发文字号同处一行。

2. 主体部分

主体是指公文首页红色反线以下至主题词之间的部分，又称"内文"，是行政公文的实质性内容，由标题、主送机关、正文、附件说明、成文日期、印章、附注、附件等要素组成。

（1）标题。按照《国家行政机关公文处理办法》的规定，公文标题一般应由发文机关名称、事由和文种三个要素组成，如《国务院办公厅关于进一步推进安全生产"三项行动"的通知》一题，"国务院办公厅"是发文机关，"进一步推进安全生产'三项行动'"是事由，"通知"是文种。这里，"发文机关名称"

和"事由"之间需用介词"关于"衔接,"事由"和"文种"之间要有结构助词"的"相连,构成公文标题的特定语法结构模式。

视具体情况,有些公文标题可以省略发文机关名称或者事由,甚至仅以文种作为标题,例如《关于情况的通报》《国务院办公厅公告》《通知》等。但无论如何,公文标题应当准确、简要地概括出公文的主要内容并准确标明文种,一般应当标明发文机关名称。这样,有利于受文机关全面、准确地理解和把握公文的实质和核心,也有利于公文的办理和处理。需要注意的是,公文标题中一般不使用标点符号,但如果出现法规、规章名称时,则应当使用书名号。

拟制公文标题,其基本要求是要做到准确、简洁、齐全和美观。其中,准确是指事由部分对公文内容的概括要准确,文种的使用也要准确;简洁是指要用尽可能简要的文字概括出公文的基本内容。为此,应竭力压缩事由部分的用字,并要尽可能地避免文种重叠使用的情况;齐全是指要尽可能地载明发文机关名称、事由和文种三个要素,一般不宜随意省略;美观是指要在文面上将拟制出来的标题合理地加以排列设置,使之清晰整洁,醒目匀称,给人以美感。

(2)主送机关。主送机关是指行政公文的主要受理机关,它负有办文的责任,要对公文所涉及的内容进行办理和答复。对于主送机关的确立和标志,应当把握如下几点:

① 在一般情况下,一篇公文只有一个主送机关,特别是上行文的请示,更应如此。

② 上行文的"报告",其主送机关可能不是一个(如受双重领导的机关向上级行文报告即是如此),在这种情况下,即应根据报告所涉及内容的管理和分工的不同,将其中负有主责的上级机关名称写在前面,并用"并报"联结另一个上级机关名称。

③ 下行文(普发性和周知性公文)的主送机关如果不止一个,要注意其排列的次序。一般是按等级高低顺序排列,即将等级高的机关名称写在前面,等级低的机关名称写在后面。

④ 主送机关名称如果不止一个,要注意其相互之间标点符号的使用。一般是在不同的系统和级别之间用逗号隔开,同一系统内部的各单位之间用顿号隔开,在最后一个主送机关名称之后加注冒号。

⑤ 主送机关名称应当使用全称或者规范化简称或者同类型机关的统称,切忌随意缩简。

(3)正文。正文是行政公文的主体,用来表述公文的内容,是一篇公文写作的关键所在。正文一般由三个部分构成:

一是开头部分,或称"凭",即凭什么发文,主要是阐明发文的依据和理由。其内容或是交代引据，或是讲明背景、原委，或概述情况，或篇前撮要，或明了目的，应根据不同的发文意图、行文对象和文种等酌情确定。

二是主体部分，或称"事"，即什么事情或什么事项。内容或针对问题进行分析，在分析问题、讲明道理的基础上提出解决问题的办法；或直陈要求、意见；或提出主张、列摆措施、讲明办法；内容复杂的公文，由于其所涉及的事项很多，因此要特别注意各事项之间的逻辑顺序和层次安排。

三是结尾部分，或称"断"，即论断、判断，是正文的结论，多数为提出意见、措施、办法和要求等。这部分的用语要适应不同文种的需要而异，切不可千篇一律。如上行文一般可用"当否，请批示""以上是否可行，请批示"等；下行文一般可用"希即遵照""特此通知""此布""此复""此令"等；平行文一般可用"为何""为盼""为要""特此函复"等。

正文各部分之间的界限并不是截然分明的，有些内容简单、篇幅较短的公文，有时即表现为或"凭""事"合一，或"事""断"合一，或者"凭""事""断"合一，以使行文趋于简练明快。

对于行政公文，按2012年《国家行政机关公文格式》的规定，正文部分用3号仿宋体字，一般每面排22行，每行排28个字。

（4）附件。附件是附属于正文的具有印证性、说明性或附带性材料，也是行政公文格式的一个组成部分。附件不是每份公文都有，只有内容需要，又不便于写入正文的材料才用附件来处理。

常见的附件有两类：一是用于补充说明或证实文件正文的附件，包括各种形式的说明材料、参考材料、图表、凭据等；二是用于向上级机关报送或向下级机关批发（批转、转发、印发）的附件。前一类附件是真正意义上的附件；后一类附件，实际上是主件，而主件实际只起报送、发布按语、转发、函告的作用。公文如有附件，要在正文之后，发文机关署名或成文日期之前注明附件的名称和件数；不能只写"附件如文""附件×份"，附件名称后不加标点符号。

（5）成文日期。成文日期即公文生效的日期，是行政公文格式的一个重要组成部分。成文日期确定的原则是：①会议通过的决定等以会议正式通过日期为准；②经领导人签发的公文，以签发日期为准；③联合行文，以最后签发机关领导人的签发日期为准；④法规性文件以依法批准日期为准；⑤一般电报、信函等则以实际发出日期为准。

（6）印章。印章是机关职权的象征，是公文生效的标志，它也是行政公文格式的一个重要组成部分。除"会议纪要"（因其有特定的版式）和以电报形式发出的以外，公文均应加盖印章。

公文用印的依据是领导人的签发字样，未经领导人签发的公文不得用印。

用印要注意清晰、端正，位置准确。一般的用印方法是：骑年压月、上大下小。国家行政机关公文加盖印章的要求是：联合上报的公文，只由主办机关加盖印章；联合下发的公文，发文机关都应当加盖印章。

（7）附注。附注即指公文的印发传达范围（阅读范围），是对公文发送范围和阅读对象的限定。确定公文的阅读范围，要依据工作的需要和安全保密的要求进行。需要限定阅读范围的，一般是属于机密文件，不是机密文件没有确定阅读范围的必要。标明阅读范围的位置一般在成文日期的左下方。对上行文不可标注阅读范围。按照规定，对于行政公文中的请示，应当在附注处注明联系人的姓名和电话号码，以便联系。这是行政公文格式标注中的一种特殊情况。

3. 版记部分

版记部分又称文尾，位于公文末页下部，其最后一个要素位于最后一行，主要由主题词、抄送机关、印发机关和印发日期3个要素组成，各项目（要素）之下均加一条反线。

（1）主题词。主题词是确切表达出公文主题的规范化名词或名词性词组，用于行政公文的主题标引和检索。公文主题词是随着办公现代化而产生的。国务院办公厅秘书局颁发的《公文主题词表》（修订本）共分15类1049个主题词，主题标引分固定码区和自由码区两级。《国家行政机关公文处理办法》第十条明确规定，上报的文件应当按照上级的要求和《公文主题词表》的规定标注主题词。根据这一精神，任何一个单位在上报文件时，除了参照自身的《公文主题词表》外，更要按照上级机关的主题词表来标注主题词；如是下发文件，就得使用自身的主题词表。编制主题词的原则与做法是：

① 由于标引主题词不受主题词类别限制，因此，标引时应当根据主题词的含义由大到小，从内容到形式这样的次序进行。

② 一份公文的主题词一般以3至5个为宜，最多不超过7个，而最后一个主题词一般都是表示文种的。

③ 标引主题词要准确全面。

④ 标引地名、人名时，尽量使用全称。

（2）抄送机关。抄送机关与主送机关相对应，二者合称行政公文的受文机关。它是指除主送机关以外需要执行或知晓公文内容的其他机关。

对于抄送机关的确立，应当注意无论是上级、下级或是不相隶属的机关，一律统称"抄送"，不要出现"抄报""抄发"之类的写法。抄送机关的位置，在公文末页的下端，主题词之下，用3号仿宋体字，靠左空一字格，其上下各印一条隔离线。两条横线之间写抄送机关名称，按照先上级后下级，再不相隶属机关的次序排列，在最后一个抄送机关名称后标句号。

（3）印发机关和印发日期。印发机关和印发日期亦称承办文件记录，即由承办印制文件部门、印制日期、印刷份数组成，标注在文尾最下端处，上下各有一条隔离线。承办文件部门，是指发文单位的中心机构或业务主管部门。标注承办文件部门的目的，在于当收文单位对文件内容中未尽事宜的询问或工作中遇有什么问题、什么情况需要联系、反映时，径直与承办文件部门联系，不必事事都找机关领导，以提高工作效率。

印发日期和成文日期不同，印发日期是单位中心机构接到定稿后起印公文的时间，它的作用是供收文单位参考，一般写作"××××年×月×日印发"，其位置在承办印制文件部门的右侧。印刷份数是文件印制的数量标记，一般写作"（共印××份）"，其位置在结尾栏下的右侧，印发日期的下面。

（四）特定格式

所谓"特定格式"，系指文件标准格式以外的公文格式，包括信函格式、命令格式、会议纪要格式三种。这些在公文处理实践中普遍使用的公文格式有其特定的作用。

1. 信函格式

"信函格式"是公文格式中区别于"文件格式"的一种。按照规定在行文时应注意选择使用与行文方向一致、与公文内容相符的文种。这种格式的具体标准是：发文机关名称上边缘距上页边的距离为30mm，推荐采用小标宋体字，字号由发文机关酌定；发文机关全称下4mm处为一条武文线（上粗下细），框下页边20mm处为一条文武线（上细下粗）。两条线长均为170mm。每行居中排28个字。发文机关名称及双线均印红色。

2. 命令格式

命令格式由发文机关名称加"命令"或"令"组成，用红色小标宋体字，字号由发文机关酌定。命令标志上边缘距版心上边缘20mm，下边缘空2行居中标志令号；令号下空2行标志正文；正文下一行右空4字标志签发人签名章，签名章左空2字标志签发人职务；联合发布的命令或令的签发人职务应标志全称。在签发人签名章下一行右空2字标志成文时间。"命令""令"不分主送、抄送，统用"分送"。这一特定形式，其位置标志方法同抄送机关。

3. 会议纪要格式

会议纪要格式是以固定版头印发会议纪要的特定格式，由"××××会议

纪要"组成。这种格式的主要特点是:

(1) 发文机关标志用红色小标宋体字,字号由发文机关酌定;

(2) 正文中无主送单位,在版记中列明分送单位和部门;

(3) 发文字号通常以序号或期数表示;

(4) 正文结束后不标注成文日期,不落款,不加盖印章。发文单位和成文日期标注在眉首部分的红色反线以上。其他要素依从国家标准公文格式相关要素说明。

第二节 命令、决议与决定的写作

一、命令的写作

命令(令)是法定的领导机关或领导人对下级发布的一种具有强制执行效力的指挥性公文。它适用于依照有关法律规定公布行政法规和规章;宣布施行重大强制性行政措施;嘉奖有关单位及人员。命令(令)是一种很古老的公文体式。

在古代,"命"和"令"是作为两种不同的公文体式出现的,《史记·秦始皇本纪》中记载:"命为制,令为诏。"汉代学者蔡邕在《独断》一文中解释说:"命,出君下臣名曰命;奉而行之名曰令。"可见当时在用法上是有区别的。到了现代,"命"和"令"业已合并为一个文种。只是在不同的场合,通常以语法结构的合理与否体现出细微的区别。例如,《中华人民共和国主席令》《国务院关于在我国统一实行法定计量单位的命令》等。

(一) 命令(令)的种类

根据用途的不同,命令(令)可以分为公布令、行政令、嘉奖令、任免令、通缉令、赦免令等。

1. 公布令

用于发布法律、行政法规、规章的"命令"(令),称作"公布令"。法律、行政法规和规章本身不是行政公文,它要公布于众,必须采用行政公文中最具权威性和强制性的命令(令),以显示法律、行政法规和规章的行政和法律约束力,使其成为国家的意志。

"公布令"的标题通常由"发令机关"(或机关领导人名义)与文种两个要素组成,下面正中位置是"令号"。"公布令"的正文应当载明公布对象、公布依据及实施时间等方面内容。其中公布对象即被公布的法律、行政法规和规章的名称，如《中华人民共和国食品安全法》；公布依据即说明公布对象是由何机关、何会议、何时批准或通过的。

2. 行政令

就重大紧急事项采取强制性行政措施而发布的命令称为"行政令"。行政令的正文一般包括"令由""令的要求与执行"等内容。所谓"令由"，即发布令的原因和依据；由"现发布命令如下"引出四条命令事项，分别就如何"执行中美两国政府解决资产要求的协议"作出规定，属于"令的要求与执行"。

3. 任免令

凡用于任免国家工作人员职务的命令（令），称作"任免令"。以国家主席发布的"任免令"，任免的工作人员是经全国人大常委会决定的部长级以上干部；以国务院发布的"任免令"，任免的工作人员是副部长级干部。地方上的人事任免不用"命令"，而由"任免决定""任免通知"等代行之。"任免令"通常由"依据"及"任命某职务"两部分内容组成。在结构上基本上都是"篇段句合一"式，即全文只有一句话，这一句话就是一段，也就是一篇命令全文。这一特点与"公布令"是完全相同的。

4. 嘉奖令

用于表彰、奖励做出突出贡献的有功单位和个人的"命令"（令），称作嘉奖令。嘉奖令的正文通常包括三层内容：

（1）"受令的原因和根据"，即被嘉奖的原因；

（2）"受令的内容"，即授予何人何荣誉称号或提职、晋级、物质奖励等；

（3）"受令的要求"，一般在结尾处发出普遍性的号召和要求。

（二）命令（令）的写作要求

1. 要严格按照发文权限行文

根据《宪法》规定：只有国家主席、全国人大常委会委员长、国务院总理、各部部长、各委员会主任和地方各级人民政府可以使用"命令"文种，省以下机关的职能部门不能使用。

2. 撰写和签发命令必须严肃认真

既不得滥用命令（令），也不得朝令夕改，使下级无所适从。制发机关及签发人必须具有法定的权威性。

3. 用语要准确果断

命令是指挥性公文，语言应当准确，不能使人产生歧义；语气应坚决果断、斩钉截铁，切忌使用商量语气。

4. 结构要严谨精悍，篇幅要短小

这是由命令文体的特质所决定的，要通过命令的发布，使人易读易记，便于理解和执行。

二、决议的写作

决议是经过国家重要会议讨论通过，并要求贯彻执行的重要事项使用的文件。《国家行政机关公文处理办法》指出："经会议讨论通过并要求贯彻执行的重要决策事项用'决议'。"它的适用范围与决定相比，相对而言比较小些，只有国家的高级会议才可以作出决议，发布文件，使下级机关或全体公民遵守。

（一）决议的种类和特点

1. 决议的种类

会议决议有会议通过文件的决议和会议批准通过问题、事项的决议两种。从会议讨论的问题上划分，可有关于批准事项的决议、关于批准工作活动的决议、关于专门问题的决议。从会议讨论事项上划分，可有批准法规文件和重大决策的决议、批准工作报告的决议、总结历史经验的决议、工作性的决议。

2. 决议的特点

（1）权威性。决议都是国家重要会议或国家权力机关通过的，本身就有权威力量。决议一经颁布，全体公民和下级单位必须执行，不能违背和抵制。

（2）决议通过的观点和对事物的评价，具有指导意义。关于历史问题、个人功过的决议做的结论应成为党和国家工作的指导思想，全党必须遵从，作为决策、立法和编撰教科书的依据。

（3）决议必须是与会人员经过充分讨论的产物，在合乎规定人数通过后才能成立。它是与会人员观点、思想的表现，会议的意志表现。

（4）标题由会议名称、事项和文种（决议）组成，并在决议下面的圆括弧内写清会议名称、年月日通过字样。

（5）关于具体事项的决议。

（二）决议的写作要求

决议由首部和正文两部分组成。

1. 首　部

首部包括标题和成文时间两个项目。

（1）标题。决议的标题有两种形式：一种是由发文机关（或会议名称）、事由和文种构成；另一种是由事由和文种构成。

（2）成文时间。即决议正式通过的日期。一般放在标题下，在小括号内注明会议名称及通过时间，也可只写年月日。

2. 正　文

正文由决议缘由、决议事项和结语三部分组成。

（1）决议缘由：一般简要说明有关会议审议决议涉及事项的情况，陈述作出决议的原因、根据、背景、目的或意义。

（2）决议事项：写明会议通过的决议事项，或会议对有关文件、事项作出的评价、决定，或对有关工作作出的部署安排和要求、措施。

（3）结语：一般紧扣决议事项有针对性地提出希望、号召和执行要求。有的决议可不单列这部分。

三、决定的写作

决定是适用于对重要事项或者重大行动作出安排、奖惩有关单位及人员变更或撤销下级机关不适当的决定事项时使用的一种公文。它需要所属部门贯彻执行，是具有规范性和约束力的公文文种。

决定具有以下几个特点：一是事关重大。只有对"重要问题"及"重要事项""重大行动"作出"安排"时才使用"决定"。属于一般性的问题、事项与活动不宜采用"决定"。二是事关决策。决定所涉及的事项直接为决策服务，非决策性的问题，不用"决定"行文。三是安排具体。即决定必须对"重要问题"及"重要事项""重大行动"作出明确具体、切实可行的决策性安排。根据公文法规的规定，撤销下级机关不适当的命令、决定、决议等事宜不再使用命令，而使用决定。

（一）决定的种类

决定按其内容和使用情况，可分为法规性决定、部署性决定、知照性决定和奖惩性决定四类。

1. 法规性决定

为规范人们的社会行为和国家某一方面管理工作要求而制定的带有强制性

的决定,称作"法规性决定"。例如,《全国人民代表大会常务委员会关于严惩严重破坏经济的罪犯的决定》。

2. 部署性决定

用来部署某一重要工作或安排某一重要活动的决定,称作"部署性决定"。例如,《中共中央、国务院关于实施科技规划纲要增强自主创新能力的决定》。

以上两种决定内容一般都较复杂,文字也较长。在写法上既可采用分条列述式,也可用段首撮要式,还可采用分列小标题式,突出每一段落的主要决定事项。特别是对于部署性决定,要写明决定事项的性质、工作任务以及开展工作的步骤、方法及措施等,更要根据实际情况选用适当的结构形式,使行文层次清楚、重点突出,以利于决定事项的贯彻执行。

3. 知照性决定

用来向人们告知某一问题的主张态度和解决问题的结果的决定,称作"知照性决定"。

4. 奖惩性决定

用于某一级党、政组织,按照有关政策、章程、规定给予有功人员或有过人员所作的表彰或处分的决定,称作"奖惩性决定"。

(二)决定的写作要求

1. 内容要正确

决定所涉及的内容必须符合党和国家的方针、政策精神以及法律和法规规定,做到切合实际,有理有据。因此,要求撰写者既要了解历史、掌握政策的连贯性,又要了解现实、掌握有关现实情况,并进行分析,抓住问题的实质和焦点,作出切合实际的判断和决策。

2. 结构要合理

首先,要准确地写明标题。决定的标题通常由作出决定的机关或通过决定的会议名称、决定的事项(即内容)和文种三部分组成,这三部分应当齐全、准确简明。如果是由某次会议通过的决定,还应在标题下面标明该决定是在什么时间、什么会议上通过的。其次,要注意如果是普发性的决定,一般不写主送机关名称,制发决定的机关名称在标题中标明,发文时间一般标注于标题之下,外加圆括号。再次,要注意根据不同类型的决定恰当地运用适宜的结构形式。一般说来,决定正文部分的结构形式主要有篇段合一式、分条列述式、段首撮要式、分列小标题式以及分块式等多种形式,要按照内容的多少和工作的实际需要来恰当安排。

3. 详略要得当

写作决定时,一定要注意处理好内容表述的详略,做到该详则详,当略则略。一般来说,法规性、部署性决定其缘由和依据部分往往用字较少,重点在决定事项部分;知照性决定往往用较多的笔墨交代决定的缘由和依据;奖惩性决定的主体部分因为通常要写出先进或错误事实,故用字较多,而决定依据及决定事项用墨较少。

第三节　公报、公告与通告的写作

一、公报的写作

(一) 公报的概念与分类

公报,也称新闻公报,是党政机关和人民团体公开发布重大事件或重要事项的报道性公文,是党和国家经常使用的重要文种。公报具有权威性、指导性和新闻性。

公报依据发文主体的不同分为两类:一类是党政机关或团体发布重大事件、重要决定的公报。党、政、团体发布的公报可因内容的不同分为事件性公报和会议性公报两种。另一类是联合公报。联合公报是用于两个或两个以上国家的政府、政党、团体的代表就会谈、访问等事宜所发表的公报。

(二) 公报的写作要求

公报包括首部、正文和尾部三部分。

(1) 首部。包括标题和成文时间。①标题。公报的标题常见的有三种形式。第一种是直写文种《新闻公报》;第二种是由会议名称和文种构成;第三种是联合公报,由发表公报的双方或多方国家的简称、事由、文种构成。②成文时间。用括号在标题之下正中位置注明公报的年、月、日。

(2) 正文。包括开头、主体两部分。①开头。公报的写作开头即前言部分。事件性公报要求用最鲜明、最精练的语言概述事件的核心内容,即何时、何地发生了什么重大事件;会议性公报要求概述会议的名称、时间、地点、参加人员等;联合公报要求概述公报的来由,即在何时、何地、谁与谁举行了什么会谈或谁对谁进行了什么性质的访问等。②主体。这是公报的核心内容,要求把公报的内容完整、系统、有序地表达清楚。常见的有三种写作：一种是分段式，即每段说明一层意思或一项决定；第二种是序号式，多用于内容复杂、问题较多的公报；第三种是条款式，多用于联合公报尾部。

（3）尾部。事件性公报和会议性公报一般没有尾部；联合公报要在正文之后写明双方签署人的身份、姓名、年月日，并写明签署地点。

二、公告的写作

公告是向国内外宣布重要事项或法定事项时使用的一种公文。所谓"重要事项"，是指国内外关注的大事，诸如国家权力机关作出的重大决策需要国内外周知的事项、对国内外有重大影响的活动等都属于这类事项；所谓"法定事项"，既包括由国家立法、行政、司法、检察等机关依法决定的事项，也包括依照我国有关法律规定的事项。对于这些事项，应该使用公告予以公布。

因此，在选用文种时应当明确本机关的权限并要权衡所涉及内容是否属于"重要事项"或者"法定事项"，不可随意使用"公告"。公告与命令（令）、公报、通告等共同组成公布体公文。

（一）公告的特点

就总体来看，此类公文具有公开性、庄重性和告知性，但相比之下，公告又具有以下特点。

1. 主体级别高

在我国，可以使用公告这一文种来宣布重大事项或法定事项的机构都是层次级别较高尤其是最高层的国家机关及其职能部门。具体来说，国家及省一级的国家权力机关（人大及其常委会）、国家行政机关（国务院及其组成部门或被其授权的机构，各省、自治区、直辖市人民政府）、国家司法机关（人民法院、人民检察院）都具有发布公告的权力。层次级别较低的国家机关，由于不具有影响国内外的重大事项和法定事项的决策权，通常也就没有制发公告的权力。一般的社会团体、企事业单位不能制发公告。

2. 告知范围广

在行政公文中，公告是告知范围最广的文种。其行文方式不例行一般公文的发送程序，而多是通过新闻媒介诸如报纸、广播电台、电视台以及网络等公开发布，其告知范围要比通告、通知、通报等文种广泛得多，既可面向国内，也可面向国外。

3. 内容影响大

公告所发布的事项，必须是对国内外普遍关注而且会产生重大影响的"重要事项"或者"法定事项"。这种事项一经公布，必然在国际国内引起不同程度的反响。因此，不属于这类性质的事项，就不可使用公告来发布。

（二）公告的种类

根据公告的适用范围和特性，可将其分为重要事项性公告和法定事项性公告两类。这两种公告的区别在于：前者所涉及的内容是事关国家行政机关或某部门的重大事项；而后者则是指按照法律或法规的规定必须向外宣布，否则，从法律的角度而言就是不合法的。

（三）公告的组成

公告一般由标题、发文字号、正文、结尾等几部分组成。

1. 标　题

标题有两种构成形式，一是"发文机关＋文种"。如《国务院办公厅公告》。由于公告的正文一般较为简短，因此这种形式的标题最为常用。二是"发文机关＋事由＋文种"。如《中国人民银行关于国家货币出入境限额的公告》。这种标题多用于正文稍长、事由相对复杂的公告。

2. 发文字号

发文字号不是公告的必备要素。如果针对同一事件只发一次公告，则不用标注文号；如果同一发文机关在短时间内发布多份公告，为清楚起见，即应标注文号。公告不属于常规的带有固定版头的文件，因此其发文字号不必标注机关代字等要素。只在标题下方居中标注序号"第×号"即可。例如，十一届全国人大第一次会议主席团为向国内外宣布最高国家机关领导人的当选情况，于2008年3月16日、17日两天连续发布数个公告，并分别标注文号：第一号、第二号、第三号等。此外，由于公告是公开发布的周知性文件，因而都省略主送机关。

3. 正　文

公告的正文一般包括两层内容。

（1）发布公告的缘由。可以有选择地交代公告发布的背景、根据、目的等，要写得简明扼要。如《中华人民共和国财政部公告》（2009年第12号），其正文开头即交代出了发布公告的依据："根据2009年地方政府债券发行安排，经与河南省政府协商，财政部决定代理发行2009年河南省政府债券（一期）（以下简称本期债券)",并用过渡句"现将有关事项公告如下"引出公告事项部分。

(2)发布的事项。这是公告的核心部分,必须用精练、准确、得体的语言把需要公布的事项表述清楚。如果这部分内容稍多,可以分段列项来写。

4. 结　尾

结尾有几种情况:如果要提出要求或者说明事项,可以写一个要求式或者说明式尾语;如果公告篇幅较短、内容简约,就应另起一行、前空两格以"特此公告""现予公告"等专用尾语作结;如果公告篇幅稍长、内容较多,加上专用尾语有画蛇添足之嫌,就不必再加尾语。

(四)公告的写作要求

1. *篇幅要短,文字要简*

公告的写作在篇幅上应力求简短。像宣告新中国成立这样翻天覆地重大变化的公告,毛泽东同志只写了700多字,这篇公告堪称当代公文写作中短小精悍的典范。要想篇幅短小,就必须文字简要,要做到文字简要,一是要直陈其事,不绕弯子、不兜圈子;二是可说可不说的不说、可少说的不多说。文字简要、篇幅短小,才便于人们牢记、遵守。

2. *层次清晰,谨防歧义*

公告是为了使人们周知的,一些内容较多、文字稍长的"公告",应做到层次清晰。为此,应尽量采用分条列项的写法,一条是一个独立的含义与要求,如内容多还可在条下以自然段的形式列项。同时,还要注意用语明确。做到过目即明,不含糊其词,特别是要严防"歧义"出现,以免使执行者感到可东可西,那就失去了"公告"的意义。

3. *准确使用,不要滥用*

"公告"是具有法定权威性的告知性公文,其在使用权限、事项性质上都有严格要求,必须准确把握。原则上讲只能是党和国家的高级机关才能使用公告,基层机关和行政主管部门以及企事业单位一般不宜选用,以维护公告文种的严肃性。但从实践来看,现阶段存在着较为严重的滥用公告的现象,许多依照内容和性质应用"通告"或者"启事"行文的也使用了"公告",既有失规范又很不严肃,必须加以注意。

三、通告的写作

通告是在行政公务和业务管理中应用范围广泛、使用频率较高的具有知照性和一定约束力的普发性公文。《党政机关公文处理工作条例》规定:"通告适用于在一定范围内公布应当遵守或者周知的事项。"

（一）通告的特点

通告概括来说主要包括以下几个方面特点。

1. 公开性

通告所涉及的内容都是在一定的地域范围内需要公众知晓的，不涉及保密内容，所以常用报纸、电视、广播等传播媒体公开发布，有时也用张贴的形式发布。

2. 广泛性

通告的内容与范围十分广泛，既可以是国家的有关政策，也可以是工作或业务、社会生活中的一些具体事项。

3. 强制性

通告中所提出的规定、要求，带有法规性质，各单位和个人都必须认真遵照执行，如有违反，将受到严肃查处。

（二）通告的分类

根据内容，可以将通告分为周知性通告和法规性通告两大类。

（1）周知性通告，指用于公布一定范围内有关单位或人员需周知的事项的通告。

（2）法规性通告，具有法规效力，其主要用于向一定范围内有关单位或人员公布应当遵守的事项。这类通告多由行政领导机关发布，有关单位和人员必须严格遵守。

（三）通告的组成

通告一般由标题、正文和落款组成。

1. 标　题

通告的标题一般有四种构成形式。①由发文机关＋事由＋文种构成；②由发文机关＋文种构成；③由事由＋文种构成；④只写文种"通告"二字。

2. 正　文

通告的正文一般由通告依据、通告事项和结语三部分组成。

（1）通告依据。通告依据简要说明发布通告的依据、原因、目的等，然后用"特作如下通告"或"现通告如下"等习惯用语过渡到下文。

（2）通告事项。通告事项部分要写明具体的通告事项，即要求一定范围内的人或单位遵守、周知或者办理的事项。为了将事情表述清楚，通告事项一般要用分条列款的形式进行表述，即根据事项内部的联系先将其分解成若干条款，再选用恰当的排列方式将各条组合成一个整体，全面而又条理清晰地叙述或说明通告的内容。

（3）结语。通告的结尾一般是简要提出执行要求或希望，说明有关规定的生效期限和对违反规定行为的处罚办法；事项的办理期限、办理地点、联系人与联系电话等。有的通告已将这些内容列入条款，则以"此告""特此通告"等结语收束全文，甚至可以不用结语而直接用最后一个条款作结。

如前所述，通告可以分为周知性通告和法规性通告，由于这两种通告的内容性质各异，所以其正文的写法也有所不同。周知性通告要先写通告的原因，再写通告事项，内容明确，语言简练。法规性通告要先写发出通告缘由，然后再交代通告范围和通告事项，最后说明通告施行的具体日期。

3. 落　款

文尾写上发文单位和日期。如果发文单位在标题中已出现，文尾可以只写日期或者在标题下正中署日期。下发或者张贴的通告要加盖公章。

（四）通告的写作要求

通告在写作时也有一定的要求，概括来说主要包括：第一，语言要准确、简洁和通俗易懂；第二，公布的事项要实事求是；第三，由于通告的法令性和政策性很强，在撰写时对所涉及的政策、法规要准确掌握，恰当运用；第四，通告的内容一定要具体周密，有的放矢。

第四节　意见、通知与通报的写作

一、意见的写作

意见是对重要问题提出见解和处理办法时使用的一种公文。所谓"重要问题"，应当是当前工作中所遇到的涉及全局性、方针政策性的重大事项和主要问题，特别是新问题。"重大"是相对于"一般"而言，"主要"是相对于"次要"而言，"新"是相对于"常规"而言。意见的写作，对这些"重要问题"不仅要"有所见解"，而且要提出"处理办法"。"见解"就是对问题要作出全面中肯的分析，提出自己的看法和观点。然后，在分析认识的基础上，拿出切实可行的解决办法和措施。只提出问题，而对问题的分析轻描淡写，对问题的解决含糊不清，一切全凭上级去拿主意、想办法，是"意见"的写作所忌讳的。

从行文方向的角度看，它既可上行，又可下行，还可平行。用于上行的意见一般情况下只具有参谋建议的性质，一经上级机关批转或批准，即从建议性转化为指导性和约束性。但这种意见不同于请示。相比之下，二者在行文方向与目的上比较接近，都是要求上级对自己所提的事项或问题给予批复、指示或予以认可，但其所提的事项与内容不尽相同。请示的内容较多涉及的是"人、财物、机构、编制"以及工作中遇到需上级作出决定的重大问题或应由上级加以审批的事项等具体问题；而上行"意见"的内容则多是对工作中一些重大问题提出见解和处理办法，或是对工作中所遇到的困难，要求上级给予指示或支持。而用于下行的意见，则具有很强的指示性。虽然文种名称为"意见"，但其本质含义已不再是参谋建议的性质，而是具有很强的"指示"性。近年来，随着机关政治民主化建设进程的不断发展和深入，这种意见在党政机关公文处理实践中的使用频率有越来越高的趋势。

（一）意见的种类

根据意见的不同特点和功用，可将其分为建议性意见、指导性意见和规定性意见三种。

1. 建议性意见

此类意见用于下级机关向上级机关提出工作建议，一经批转，即成为上级机关的意志或意见，具有一定的行政效力和约束力。除此之外，有时向不相隶属机关或单位提出参考性意见，或就某一专门性工作作出评估或咨询，也用这种建议性意见。

2. 指导性意见

此类意见是针对下级机关工作中出现的问题或存在的某些薄弱环节提出解决的办法和指导意见。由于所涉及的是重大的新问题，内容一般都比较复杂，所以在写法上往往采取分条列段的结构形式。

3. 规定性意见

此类意见用于上级机关对所属下级机关提出规范化的要求和处理办法，具有较强的行政约束力。

（二）意见的写作要求

1. 要注意意见行文方向的多角度性

"意见"这一文种既可以是下级写给上级，类似一种建议，又可以是上级发给下级，视同指示；还可以发给平级，所提意见供对方参考。显然它是上、平、下三种行文方向兼而有之，其行文方向具有明显的多角度特性。

2. 要明确区别和把握意见与相近文种之间的界限

除前所述上行意见与请示外，还要注意用于下行的意见与指示和指示性通知、用于平行的意见与函等文种之间的差异，不能错用或混用。

3. 要注意把握意见的内在结构形式

在结构布局上，"意见"与相近文种包括"请示""情况报告""周知性通知""函"等有所不同，它们并不要求必须首先"提出问题"，随即"分析问题"，然后要"解决问题"。有的"请示"和"通知"基本上是"提出问题—解决问题"的单一内在结构形式；而一些"情况报告"往往是"提出与分析问题"，而不存在"解决问题"的内容。

二、通知的写作

通知是公文中使用范围最广、使用频率最高的文种，是批转下级机关、转发上级机关和不相隶属机关的公文，是发布规章、传达要求下级机关办理和有关单位需要周知或者共同执行的事项，是任免和聘用干部所使用的公文。通知不受机关级别的限制，所有的行政机关、社会团体、企事业单位都可使用。

（一）通知的特点

通知的特点，概括来说主要包括以下几个方面。

1. 时效性

通知中的事项一般是要求立即办理、执行或知晓的，不容拖延。有的通知如会议通知，只在指定的一段时间内有效。需要紧急办理或周知的事项，在标题中需加"紧急"二字。

2. 执行性

通知多用于下行文，其内容是要求下属单位予以执行或办理的事项，即使是会议通知或任免干部的通知也同样要求受文单位服从通知的安排，执行通知上所述的事项。

3. 知照性

通知也可以只传达具体的事项，而不需要下级机关执行，具有知照性。

4. 广泛性

通知不受发文机关级别的限制，适用于各级行政机关、部门，内容既可以是具体的工作事项，也可以是重要的政策措施；既可以指示工作、发布规章，又可以用来批转下级公文或者转发上级和不相隶属机关公文，使用范围非常广泛。

（二）通知的分类

根据内容，通知可以分为以下几种类型。

1. 发布性通知

发布性通知是指上级机关发布一般行政性法规和规章时使用的通知。

2. 指示性通知

指示性通知是指用于对下级机关布置工作，要求办理执行时使用的通知。一般基层单位也可以用指示性通知传达与布置具体的工作。

3. 会议通知

会议通知是指按公文要求制作的会议通知，一般用于召开比较重要的会议。

4. 批转、转发性通知

批转、转发性通知是指用于批转下级机关的公文，或者转发上级机关、同级机关和不相隶属机关的公文时使用的通知。

5. 任免通知

任免通知是指上级机关在任免下级机关的领导人或上级机关的有关任免事项需要下级机关知道时所发布的通知。

（三）通知的组成

通知一般由标题、主送机关、正文、落款四个部分组成。

1. 标　题

通知的标题通常有两种写法：一种是标题写法由发文机关、事由和文种构成；另一种标题写法由事由＋文种组成。

2. 主送机关

主送机关应在标题下、正文前顶格书写。通知的主送机关一般有多个，主送机关应写全称或规范简称，或用统称指代词"各"，列出相关规范简称。多个主送机关，一般按先外后内，党、政、军、人民团体的顺序安排。

3. 正　文

通知的正文因内容不同而写法各异，一般由通知缘由、通知事项、执行要求等要素构成。

（1）发布性通知。发布性通知主要包括以下两方面的内容：第一，写清所发布文件的名称；第二，提出执行的要求，要求简单明了，直截了当。

（2）指示性通知。指示性通知一般由通知原因、通知事项和执行要求三部分组成，有的只有前两部分，而缘由和通知事项两部分的写法也有不同。有的先写缘由，然后用"特作如下通知"转入具体通知内容。通知事项大多采用分条列项法，用序号标出。有的则在缘由后，直接一段一段地往下写，并不标明序号。结尾可写可不写，如有结尾，可用一些惯用的语言，如"特此通知"等。

（3）会议通知。在写会议通知时，应首先说明召开会议的根据或者目的，然后再以"现通知如下"转入陈述会议内容、起止时间、会议地点、参加人员、报到时间和地点、与会人员所携带的文件材料及其他各项食宿交通等具体事务。

（4）批转、转发性通知。这类通知的正文中首先要说明来文已经经过上级或者本单位的同意，然后说明转发此文，转发时有时还要再转发通知中提出本单位自己的意见。需要注意的是，在撰写转发通知时，如果转发的通知是上级机关、同级机关或不相隶属机关的来文，那么在通知的标题中要用"转发"两个字；如果转发的通知是下级机关的来文，那么在通知的标题中要用"批转"两个字。另外，这类通知一般都会有附件。

（5）任免通知。任免通知主要包括任免根据和任免名单两部分，任免根据要写明作出决定的机关或会议名称和时间，任免名单中如有多人，分段或分条列出。

4. 落　款

在通知的结尾要写上发文单位和日期。如果发文单位在标题中已经存在，这里可以只写日期。下发或者张贴的通知要加盖公章。

（四）通知的写作要求

为了有效提高效率，不贻误时机，通知主要有几点写作要求：第一，主题要集中；第二，重点要突出；第三，措施要具体；第四，要求要明确；第五，要讲求时效。

三、通报的写作

通报是党政机关、社会团体、企事业单位，将工作情况、经验教训以及各种典型事例告知有关单位和人员的公文文种。《党政机关公文处理工作条例》规定：通报"适用于表彰先进、批评错误、传达重要精神和告知重要情况。"

（一）通报的特点

通报的作用是将有关情况告知所属单位，以增加工作的透明度，相互协调，做好工作。概括来说，通报具有以下几个方面特点。

1. 真实性

写通报一定要实事求是，内容必须客观真实，否则会引起人们的不满，甚至产生抵触情绪，造成不必要的矛盾。

2. 时效性

人们往往对当下发生的事情有比较高的兴趣，而对发生已久的事情缺乏热情。这就要求通报一定要迅速及时，务必要注意时效性的特点。

3. 知照性

通报是把某些正、反典型或者重要的情况在一定范围内进行通报。重在报道，让下级机关或有关人员了解信息、动态，一般不需要执行。

4. 教育性

通报的主要的任务是让人们知晓内容之后，从中接受先进思想的教育或警戒错误，引起注意，吸取教训。

（二）通报的组成

通报一般由标题、主送机关、正文和落款组成。

1. 标　题

通报的标题一般有以下几种形式：①由发文机关＋事由＋文种构成；②由发文机关＋文种构成；③由事由＋文种构成；④只写文种"通报"二字。

2. 主送机关

指定下发单位的通报要写明主送机关，而普发性或在单位内部公开张贴的通报，则可以不写主送机关。

3. 正　文

由于通报种类的不同，通报正文的写法也有区别。

（1）表彰性通报的写作。表彰性通报的正文包括四个部分：第一，介绍先进事迹；第二，介绍先进事迹的性质和意义；第三，表彰决定；第四，希望号召。

（2）批评性通报的写作。批评性通报的正文也包括四个部分：第一，说明错误事实或现象；第二，对错误性质或危害性的分析；第三，惩罚决定或治理措施；第四，提出希望要求。

（3）情况通报的写作。情况通报正文由两个部分构成：第一，缘由与目的；第二，情况与信息。

4. 落　款

署发文单位和日期。如果发文单位在标题中已出现，可只写日期。下发的通报要加盖公章。

（三）通报的写作要求

通报的写作要求主要包括：第一，情况要真实；第二，观点要鲜明；第三，文风要朴实；第四，典型要选准；第五，分析要透彻；第六，详略要得当；第七，内容要有时代感；第八，写作要及时迅速；第九，评价要恰如其分。

第五节　报告、请示与批复的写作

一、报告的写作

报告是上行文，下级机关或单位按报告制度或要求向上级机关提供决策参考的信息，及时了解工作动态，做出指导用的一种陈述性公文。《党政机关公文处理工作条例》规定："报告适用于向上级机关汇报工作、反映情况，回复上级机关的询问。"

（一）报告的特点

报告的特点，概括来说主要包括以下几个方面。

1. 直陈性

报告以高度概括的真切事实和精确数据为主要内容，重在写实，但实中有理，有一定的普遍性。表达方式主要是直陈其事，简明扼要。

2. 真实性

写报告要以实事求是的态度向上级机关反映和提供真实情况，不能任意夸大或缩小，更不能弄虚作假。对于涉及的时间、地点、人物、事件、情况、数据等，都要经过仔细核实，确保准确无误。

3. 灵活性

报告选材的自由度较大，根据目的或作用选择最有特色、最有价值、最有新意的材料，加以提炼、组合。

4. 时效性

因报告是下情上达的重要工具，行文要迅速，以便上级及时掌握情况以作出决断，以免贻误工作。

5. 单向性

报告是向直接上级机关的行文，主要目的是为上级机关实施宏观领导提供依据，上级机关一般不需回复，属于单向行文。

（二）报告的分类

根据功用的不同，可以将报告分为以下几种类型。

1. 工作报告

工作报告是将本单位的日常情况或工作进程向上级机关作出的报告，内容包括一定时期内的工作情况或目前工作的进展情况，取得的成绩和存在的问题，以及今后的打算等。

2. 情况报告

情况报告是指专门向上级机关反映某种情况，包括日常工作动向、新近发生的事件、临时出现的重大问题、重要的工作成果等的报告。情况报告不仅在会议上使用，平日也常用。

3. 答复报告

答复报告是指答复上级机关询问或汇报所交办事项进展程度与结果的报告。

4. 报送报告

报送报告是指向上级机关报送文件或材料、表格时的报告，如报送计划、方案、总结、调查报告、财务报表等。

（三）报告的组成

报告一般由标题、主送机关、正文和落款组成。

1. 标 题

报告的标题一般有两种形式：第一，由发文机关＋事由＋文种构成；第二，由事由＋文种构成。

2. 主送机关

报告都必须有主送机关。主送机关必须是直接的上级领导机关。主送机关只能是一个，不能送给领导者个人。

3. 正 文

不同类型的报告其正文写法也存在一定的差别。

（1）工作报告的正文。工作报告的正文写作一般包括四个部分：第一，前言；第二，工作情况和成绩；第三，主要经验和教训；第四，今后工作的意见或打算。

（2）情况报告的正文。情况报告的正文除前言概述总的情况外，主体部分一般分为三个层次：第一，汇报情况；第二，分析情况；第三，处理意见或下一步安排。

（3）答复报告的正文。回复报告的正文，先引述上级机关来文时间、标题、文号，或来电询问的时间、问题、要求，然后用"所询关于××一事，现答复如下"引出下文。

（4）报送报告的正文。报送报告正文的写法一般很简短，只用一两句话说明报送理由与报送的文件或材料名称。最后写"请审核"或"妥否，请指示"。

4. 落 款

落款处通常只是一句上行公文的习惯用语，也可作为报告正文的一个组成部分。如，特此报告。

（四）报告的写作要求

报告在写作时也有一定的要求，概括来说主要包括四个方面：第一，立意要新；第二，内容要真实、具体；第三，重点要突出；第四，报告中不能夹带请示事项。

二、请示的写作

请示是下级机关或单位按规定或制度就无权决定的事项、不能解决的问题，必须向直接上级机关请求指示、批准时所使用的上行文。《党政机关公文处理工作条例》规定："请示适用于向上级机关请求指示、批准。"

（一）请示的特点

请示的特点，概括来说主要包括以下几个方面。

1. 直接性

请示一般是逐级行文，即下级机关只能按照隶属关系向直接的上级主管机关发文请示，不得向无隶属关系的机关发文请示，因为只有具有隶属关系的直接的主管的上级机关，才有批复的资格和权力。需要注意的是，请示只能送往一个机关，不得送往多个机关，否则就会造成责任不清的情况，从而对各个机关的工作产生不良影响。

2. 单项性

单项性，即"一文一事"，一件请示只能请批一个事项或问题。这是因为请求需要及时得到上级机关的研究和批复，如果一件请示中包含有几个不同的事项，那么上级机关就需要花费较长的时间对其进行研究分析，甚至还要花时间与多方进行协商，这样做势必会耽误对一些请示进行批复的时间。

3. 组织性

请示有书面的也有口头的，有单位的也有个人的，但就公文中的请示而言，其行文主体只能是组织行为，不能以个人名义写请示。

（二）请示的分类

根据内容和性质，可以将请示分为以下两种类型。

1. 请求批准类的请示

请求批准类的请示是指下级机关就某项工作、某个问题请求上级机关给予审定、核准、认可时使用的请示。这是请示中最普遍的一种，核心是要解决"我们请求能否这样做"的问题。行文中需要把有待批准的事项阐述清楚，必要时应当采用附件形式，提供有关事项的完备材料，以便上级机关审核批准或了解有关情况。

2. 请求指示类的请示

请求指示类的请示是指下级机关对有关方针、政策不甚清楚的问题，对执行政策中遇到的困难和新情况需要变通时，对现行方针、政策、法规等有疑问时使用的请示，其核心是要解决"我们请求应当怎样做"的问题。这类请示在行文中要写明本机关的意见或建议，以便上级机关批复时参考。

（三）请示的组成

请示由标题、主送机关、正文和落款组成。

1. 标　题

请示的标题一般有两种形式：第一，由发文机关名称＋事由＋文种构成；第二，由事由＋文种构成。

2. 主送机关

请示的主送机关只能写一个，即直接上级机关，受双重领导的机关在报送请示时，可同时抄送另一领导机关。

3. 正　文

请示的正文包括请示理由、请示事项和结语三部分。不同类型的请示正文的写作也存在一定的差别。

（1）请求批准类请示的正文。请求批准类请示的正文要写三个方面的内容：第一，陈述请示的理由，包括依据；第二，写明请示的事项，事项只能一文一事，要提出可以解决的途径、办法或措施；第三，写明"以上请示妥否，请批复"，理由应充分、可信，应包含本单位的意向性。

（2）请求指示类请示的正文。正文包括请示理由、请示事项和具体要求三部分内容。理由和事项的写作要根据请示内容来定，应简洁明了。最后用"以上认识当否，请予指示"等语作结。

4. 落　款

在正文之后的右下方写明发文机关名称，如果标题中有发文机关名称，落款处也可省略。在发文机关下方，标明成文日期。

（四）请示的写作要求

请示的写作要求主要包括以下几个方面。

1. 一文一事

一份请示只能写一件事，讲一个问题，切忌数事混杂。如果有几件事情都需要请示，则应分别写成几份请示。

2. 一般不得越级请示

要按照隶属关系向直接上级请示，一般不得越过直接的上级机关请示。如果上级机关解决不了的问题，应由上级机关向其上级机关请示。因特殊情况必须越级请示时，应当抄送被越过的直接上级的机关。

3. 一个主送机关

制发请示要坚持谁主管就请示谁的原则，只确定一个主送机关，如果有其他需要了解其内容的上级机关，那么就应以抄报形式送阅。

4. 不要同时上报下发

请示的问题属于未定的，必须等上级正式批复后才能办理或执行。有的单位认为某项请求属例行公事，上级肯定会批准，故而在上报同时下发各有关单位是不妥的，不符合公文处理的规定。

三、批复的写作

批复是上级机关答复下级机关请示事项时使用的一种公文。批复的特点如下所述。

（1）批复具有被动性。它是与请示相对应的文种，也就是说，下级机关有请示，上级机关才会有批复。从这个角度讲，批复所涉及的内容范围较窄，是专门针对下级机关"请示"这一文种使用的，只能就请示的事项作出答复，具有明显的被动性。

（2）批复具有指示性。批复要对下级机关提出的具体问题进行答复，往往要求下级机关将执行情况上报，以便检查了解。因而，从行文效能上看，批复具有指示性。上级机关的批复是下级机关办事的依据，对下级机关具有明显的约束力。

（3）批复具有政策性。批复本身往往体现了上级机关在这一问题上的政策精神和领导意图。批复与批转性通知不同。从内容性质上看，批复具有专项性，即一事一批，简洁明确，针对性强，其所涉及的内容事项对非请示单位不产生直接影响；而批转性通知的批语不仅是对被批转文件的答复，而且是对所有受文单位的指示，具有广泛的指导意义。从发布形式上看，批复是对下级机关请示事项的答复，发文时不再附请示的原件；而批转性通知则要将原文作为附件随主件一起运行。批复与指示也不同。批复虽然具有指示性,但它是应下级机关的请示而发,其发文机关处于被动地位;而指示则是发文机关根据工作需要或工作中存在的某些问题主动做出的,处于主动地位。因此,批复和指示的主要区别就在于发文机关是处于主动地位还是被动地位。

（一）批复的种类

批复按其内容的不同,可以分为核准性批复、指示性批复和答复性批复三类。

1. 核准性批复

此类批复主要用于审批应由上级机关批准的具体问题,完成某一事项法定的组织手续,其内容一般都很简单,大多数都是表态性的。例如,《国务院关于同意建立全国古籍保护工作部际联席会议制度的批复》。

2. 指示性批复

此类批复是指在审批某一问题的同时,就此进一步提出一系列相关的指示,要求下级机关照此执行,其内容一般较为复杂,篇幅也较长。这是实践中使用最多的一类批复。

3. 答复性批复

此类批复是指就有关法规政策方面的事宜作出批复性的回答。例如,《最高人民法院关于如何适用土地管理法第十三条和森林法第十四条的批复》。

（二）批复的写作要求

1. 要注意批复与请示行文的对应性

请示与批复是一一对应的两个文种,有请示才会有批复。请示讲求一文一事,因而批复也要做到一请示一批复,而不能在一份批复中同时答复几项请示事项,以免发生混淆,造成费解。假若一个单位的数份"请示"或数个单位同一内容的"请示"是在同一个办公会议上审批的,也应坚持一文一事的原则,分别"批复",而不应在一份"批复"中包括数份"请示"的内容。

2. 针对性要强

批复是针对下级上报的"请示"而制发的,因此,它的内容、语言必然与请示紧紧相扣,直接回答下级请示的事项。因此在撰写时首先要援引"请示"的标题和发文字号,这样就使来往的两个文件自然地联结在一起;然后根据所提请审批的事项、亮明观点和态度,作出同意或不同意的表示。无论如何,都要紧扣来文,言及其事,切勿答非所问、复非所求。

3. 态度要明确

批复是对下级机关来文表明态度,究竟是"同意"还是"不同意",是可办还是不可办,是好还是不好,应直接予以说明,做到当行则行,当止则止。切忌含糊其词,模棱两可。至于那种又行又不行自相矛盾的语言,比如"方向对头,仍需斟酌""基本不错,欠成熟""原则可以,问题尚有"等,理应杜绝。

4. 灵活运用结构形式

要根据"批复"内容的不同及文字的多少,采用不同的结构形式。核准性和答复性的"批复",多采用"篇段合一"的形式,即通常只有一段文字,这一段就是一篇。指示性的"批复",多采用"撮要分条"的形式,即先写一个独立的开头,用非常简明的文字说明批复的缘由和依据,表明态度;然后再分条列项地进一步提出要求。不论采用哪种外形结构,但它的内在结构必须是不仅提出了问题,而且要解决问题,甚至还应有对问题的分析。

5. 要正确理解"函代批复"

对于下级机关的"请示",由上级机关进行批复时必须使用"批复",但当这种批复是由上级机关的办公厅(室)代行时,由于它们之间属于平级关系,故通常用"函"代行"批复"来进行批复。从公文外形上看它是一份"函",而实质上是一份千真万确、实实在在的"批复"。"函代批复"的"代"字,切不可当作"代函"来理解,而是强调它的实质,是外壳与内在的完整与统一,体现了文种使用上的辩证法。

第六节　函、议案与会议纪要的写作

一、函的写作

函,又称公函,是以横向(不相隶属机关或组织之间)沟通与业务管理为主的一种专用公文。《党政机关公文处理工作条例》规定:"函适用于不相隶属机关之间商洽工作、询问和答复问题、请求批准和答复审批事项。"根据内容和用途,可以将函分为商洽函、询问函、答复函、请批函和批准函等。

(一)函的组成

函的写作包括标题、主送机关、正文和落款。

1. 标　题

函的标题通常由发文机关名称、发文内容、文种构成。

2. 主送机关

函的主送机关即对函负办理或答复责任的机关或组织。函的行文对象一般情况下是明确、单一的，所以多数函的主送机关只有一个。但函的内容有时涉及部门多，也有排列多个主送机关的情况。

3. 正　文

不同类型的函，其正文的写作也存在一定的差别。

（1）商洽函的正文。商洽函的正文分开头、主体、结尾三部分。①开头，说明根据或理由、目的。②主体，主体包括需商洽的具体事项或问题。③结尾，可以提出尽快办理的要求，如"请予以答复"或"特此函商"等。

（2）询问函的正文。询问函的正文由开头、事项和复函请求构成。①开头，函的开头部分简要说明缘由。②事项，要求集中询问一个问题与阐明理由、想法，方便对方尽快答复。③结尾，用"盼予函复""请予函告""特此函达，盼蒙允诺"等。

（3）答复函的正文。答复函的正文分开头、答复内容和结语三个部分。①开头，引述来函的标题、发文字号，用"经研究，现复函如下"等语过渡。②答复内容，对来函提出的问题作出明确答复，直接表示同意或不同意。③结语，结束语一般用"专此函达""特此函复""特此函告，务请见谅"等。

（4）请批函的正文。请批函的正文由开头、事项和复函请求构成。①开头，简要说明缘由。②事项，请求批准有关经费或物资、人员编制、机构设置、调配干部、税收、营业执照、招生、专业增减等。③结尾，复函请求，其惯用语是"请予审核批准"等。

（5）批准函的正文。批准函的正文由引叙来函、答复来函和复函结语构成。①开头，引叙来函的标题、发文字号，然后用"经研究，现复函如下"等习惯用语过渡。②答复，直接表示同意或不同意，如不同意，应该说明理由，指出解决的途径、方法或方向。③结尾，用"特此函复""特此函告""专此函达"等。

4. 落　款

落款包括署名（印章）、日期。

（二）函的写作要求

函的写作要求主要包括四个方面：第一，用语谦和，讲究分寸；第二，从实际出发，实事求是，直陈不曲，明确具体；第三，用语要讲究礼节，婉转得体，不使用告诫、命令性的词语；第四，注重时效性。

二、议案的写作

议案是一种重要的行政公文。它是各级人民政府按照法律程序向同级人民代表大会或人民代表大会常务委员会提出并被大会列入议程，进行讨论、审议和决定的议事原案，属于建议性公文。经审查通过的议案，具有较强的法律效力。

"议案"与"提案"不同。主要表现为两点：一是适用主体范围不同。议案用于各级人民代表大会或人民代表大会常务委员会，而提案则用于各级政协会议和企业职工代表大会。二是内容效力不同。议案在提请大会审议通过后，具有较强的约束力和法律效力，提案则相对弱些。

（一）议案的种类

根据议案所涉及的内容及其实际使用情况，可将其分为重大事项议案、法律法规议案、人事机构议案等。

1. 重大事项议案

此类议案往往事关重大，涉及长远，关乎全局，有的甚至牵系党和国家的经济命脉和社会发展前景。要使议案获得批准，首要的是要写好它的依据和理由，使人充分认识和理解议案提出的必要性。以《国务院关于提请审议兴建长江三峡工程的议案》为例，全文总计包括6段约1600字，其中交代兴建三峡工程的依据和理由，即重要意义占去了第一、二两大段，约800字，占了大约一半的篇幅。

2. 法律法规议案

法律法规方面的议案的写法比较简单。正文部分主要是陈述提出议案的缘由或依据，在此基础上进一步陈述提请审议的事项，最后表明提请审议的要求。

3. 人事机构议案

与法律法规议案一样，此类议案的写法也较简单，正文部分主要是陈述议案的缘由或依据以及提请审议的事项两项内容，最后表明提请审议的要求。在文字表达上一定要写得简明扼要，精练概括，寥寥几句即说明问题，既不要泼墨过多，也不要有过当之语，否则就会影响议案的应有价值。

（二）议案的写作要求

1. 要一案一事

这是由议案自身所具有的上行文性质所决定的，它一方面要由法定机关依照法律程序提出，另一方面要由代表大会或其常委会审查批准，这种提请与审批的关系要求议案所涉及的内容必须而且只能是一案一事。这是一条重要原则，否则，势必导致纷乱芜杂、臃肿膨胀，直接影响提请审议目的的顺利实现。

2. 要切实可行

议案所涉及的内容一般是带有全局性的重要事项，政策性很强。因此，在撰写过程中，必须严肃认真，一丝不苟。要深入实际进行调查研究，广泛听取人民群众的意见和要求，切实做好政策、法规和有关情况等方方面面的材料准备工作，以确保所提议案的正确性、合理性和可行性。

3. 要注意用语的准确得体

由于议案是向同级人民代表大会或人民代表大会常务委员会提交，其提交对象是国家权力机关，属上行文，审议与否，通过与否，均需由大会作出决定。因此，在语言表达上必须做到准确恰当，字斟句酌，笔笔中的，并要切合上行文的语体特点和风格。要着重体现出一种"提请"的姿态，语气要中肯，否则就会有损于议案的质量和效用，使提请审议的愿望落空。

4. 要注意生效标志的规范

这是议案文种在形式上的一个重要特征，突出表现为其生效标志必须体现机关第一行政首长的署名，且不加盖机关公章。例如，国务院的议案由国务院总理署名；省政府的议案由省长署名，依此类推，别人不能替代，这一点是很特殊的。因为在一般情况下，单一机关制发的公文在结尾生效标志处只标志成文时间并加盖公章，而议案无须这样做。

三、会议纪要的写作

（一）会议纪要的概念

会议纪要是将会议的主要情况和研究、解决的主要问题进行归纳和概括而形成的一种公文。它是会议的产物，是对会议成果的如实记录和集中整理，主要作用是用来传达会议的议定事项和主要精神，要求与会单位共同遵守和执行。

（二）会议纪要的种类

会议纪要按内容和功用可分为指示性会议纪要、讨论性会议纪要和通知性会议纪要三类。

1. 指示性会议纪要

即对某一范围较大或重要方面的工作会议进行综合整理的会议纪要。既有对党的方针、政策的具体贯彻意见，又有对这一重要工作各种思想认识的统一，还包括对工作的具体部署、要求。

2. 讨论性会议纪要

主要是对某一重大的理论实践课题进行研讨的会议所使用的一种纪要，它具有参考性，不具有指挥性。

此类会议纪要的正文部分主要由会议概况和研讨结论两层内容组成。其中会议概况应当载明会议召开的时间、地点，会议主办、协办和承办单位，主要议题等要素；研讨结论是会议代表经过研究讨论所形成的一致性意见，是此类会议纪要的重点所在，要围绕会议的议题将其归纳为若干个方面分别进行阐述。

视具体情况，也可以采用诸如"代表们一致认为""会议提出""会议强调""会议希望"等提领性语句引出某一研讨的结论。特别是学术会议纪要，往往使用"学者×××指出""×××（单位、职称及姓名）认为"等语句对其发言内容进行概括和提炼。

3. 通知性会议纪要

通知性会议纪要，即用来宣布会议决定事项的纪要。这类纪要大多是各类机关领导层集体开会决定问题后使用的传达会议决定事项的纪要，也叫办公会议纪要。内容往往是决定一个或多个事项，放在一份纪要里面分别逐一表达。一般都印有固定的版头，即所谓特定格式的会议纪要。

正文部分通常包括两层内容：一是会议概况，应载明会议召开的时间、地点、与会人员、会议主要议题等，并用"现将有关精神纪要如下"等语句引出下文；二是会议议定事项部分，要依照一定的逻辑顺序分条列出。

（三）会议纪要的写作要求

1. 要明确会议宗旨，突出中心议题

一次工作会议涉及的问题很多。因此在撰写会议纪要时，必须明确宗旨，即会议所集中解决的几个主要问题，以此形成纪要的中心，切不可面面俱到，既

想"抱西瓜"又想"拣芝麻",那样就会导致主次不明确,中心不突出。

2. 要注意材料的真实性和有效性

撰写会议纪要,一定要准确反映会议的真实情况和基本精神,忠实于会议内容,非与会各方共同确认的结论性意见不能写入会议纪要;同时要限于会议议及的内容,不可旁骛其他,或者将执笔者个人的见解掺杂进去。在此基础上,还要注意做好材料的搜集整理和加工工作。因为会议纪要是对所有会议材料的概括、综合和提炼,所以要写好纪要,必须要认真注意搜集、掌握会议情况,并按照会议精神和领导意图对材料进行恰当的筛选,对选用的材料进行分析,然后围绕纪要的主旨进行精心安排。

3. 要注意讲究条理性和理论性,语言表达要简明扼要

会议纪要的特点是条理性、理论性比较突出。这也是会议纪要与会议记录的一个主要区别。上报的会议纪要,就应使用对上的语气,如"会议讨论了以下几个问题""会议考虑"等;下发的会议纪要,则可用"会议决定""会议要求""会议强调""会议号召"等词语。

总之,会议纪要有如下写作要求:第一,交代要具体,阐述要清楚;第二,观点要明确,是非要分明;第三,语言要简练,判断要准确;第四,条理要清楚,概括要完整;第五,要点要突出。

第四章　事务文书理论分析及其写作实践研究

事务文书的目的是要告诉公众某件事或某项活动，这一类文书一般要求文字简洁易懂，表达直截了当。本章即对事务文书写作的相关内容进行简要阐述。

第一节　事务文书简述

事务文书是通过各种传媒公开而广泛地公之于世，使读者对其内容有所了解的一种应用文体。与各类普通信函相比，事务文书有着明显不同的特点，概括来说主要包括以下几个方面。

（1）明确性。事务文书所告知的事项、活动或产品的内容明确而清楚，以利于公众的了解和参与。

（2）公开性。事务文书通常都是对公众而言，唤起公众的关注和关心，而不是仅仅局限于个人或某一集团、组织之间的交流。

（3）多样性。事务文书的传播形式是多种多样的，可以是文字形式、图像形式、灯光形式，还可以通过书籍报刊登载、通过广播和电视传播、在车船街头制作或张贴。

（4）广泛性。无论是国家大事还是单位、个人小事都可以通知的形式发布，不受发文单位级别、性质的限制，应用极为广泛。

（5）准确性。事务文书作为向社会公众传递信息的工具，应本着对公众高度负责的精神，把真实的信息传递给公众，不能有任何夸张，更不能无中生有。

（6）简洁性。事务文书旨在以简明扼要的文字陈述有关事宜，提请公众注意或有求于公众的帮助，其思想必然要通过语言形式表达出来。

（7）接受的随意性。面对各种各样不同的信息，公众完全可以根据自己的意愿和关心程度来选择接受或排斥此类信息。

第二节 计划、总结与调查报告的写作

一、计划的写作

(一) 计划的含义

计划是党政机关、企事业单位、社会团体或个人在一定时期内,为了达到某种工作目标,事先制定出具体措施和实施步骤的一种文书。古语说得好:"凡事预则立,不预则废。"计划是科学决策的具体化,也是组织实施的行动纲领。有了科学、具体、切实可行的计划,就能做到胸有全局、工作有目标、行动有方向,就能增强工作的积极性和主动性,避免工作的盲目性和被动性。同时,有了计划,也便于对工作进行检查和督促,进一步推动工作的开展。

(二) 计划的特点

1. 目标性

具体、明确的目标性是计划的突出特点。目标规定着工作的方向、重点、规模、速度和实施的具体方法和步骤,计划的全部内容都是围绕着目标而展开的。目标要体现全局性和系统性,做到统筹兼顾,大小合适。

2. 可行性

计划是行动的指南,是要在工作中具体落实的。因此计划目标的制定要有科学性和可行性。要根据国家的政策法规、社会发展趋势、现实环境,以及单位的具体情况等综合因素来制订计划,既要有超前意识,又要留有一定的余地。如果计划违背了国家的政策法规、发展战略或者不合时宜或脱离实际等,都会直接导致计划难以实施、工作难以开展,计划也就变成了一纸空文。

3. 约束性

计划一旦确定并公布实施,就具有了严格的约束力。计划对于特定对象的约束力体现在各个方面。必须按计划有步骤地开展工作,不得拒不执行或者擅自修改计划。若遇到不可抗拒的因素,如巨大的自然灾害等,也可适当调整计划。

(三) 计划的分类

计划涉及社会及个人的方方面面,从不同的角度可以作出不同的划分。常见的分类如下:

（1）按照时间的长短，可分为长期计划、中期计划和短期计划。长期计划又称"规划"，一般是五年，有的是十年；中期计划一般为三年左右；短期计划一般是一年或一年之内，如年度计划、季度计划、月计划等。

（2）按性质不同，可分为综合性计划和单项计划。综合性计划是针对某一领域在一定时期内总体工作目标制订的计划，如国民经济计划；单项性计划是针对具体单位、部门或系统的某项具体工作目标制订的计划，如房屋拆迁计划等。

（3）按照内容的不同，可分为工作计划、生产计划、销售计划、采购计划、财务计划、教学计划、科研计划等。

（4）按照使用范围不同，可分为国家计划、地区计划、部门计划、单位计划和个人计划等。

（四）计划的写作要求

计划由标题、正文、落款三个部分组成。

计划的标题有如下几种写法：①由适用时间＋内容范围＋计划文种组成，如《2018年科研工作计划》；②由单位＋适用时间＋内容范围＋计划文种组成，如《××市2018年文化产业推进计划》；③由适用时间＋文种组成，如《2018年第三季度计划》；④直接写文种，如《计划》。

正文是计划的主体，一般包括如下几项内容。

（1）前言。前言是计划的开头部分，也是计划的总纲，起着统领全篇的作用。它要用极其简明的文字说明制订计划的指导思想、政策依据和理由。前言部分常以"为此，特制订××××（或第×季度）工作计划如下"等过渡句领起下文。

（2）目标和任务。这部分是计划的核心，要写得非常明确和具体，即要写明工作目标是什么，为了达到目标要开展哪些工作、完成哪些任务。要尽量用具体数字、指标来表达，切忌笼统空泛。即使有些不能用量化指标来表达的，也要有明确具体的要求，以便于具体落实和考核。

（3）步骤和措施。计划的步骤主要是指把目标和任务分解到各个时间段，明确每阶段要做什么、达到什么样的目标，以便按阶段、有步骤地逐项完成，也便于检查和督促。措施主要是指采取什么方法达到预定目标、完成规定任务，包括组织保障、人力物力、奖惩制度等。这部分在写作时，可采用直接概述和分条列项的方式，用小标题和顺序号标明结构层次。

（4）结尾。结尾一般是提出执行计划的要求、检查监督或奖惩的办法或者对执行者提出希望和号召。一般而言，本单位内部使用的工作计划或个人工作计划可省略此部分。

落款应写明制订计划的单位、部门的名称或者个人姓名及日期。如果计划标题中标明了单位、部门的名称,则只写日期即可。

二、总结的写作

总结是人们对自身前一个阶段实践活动进行检查、评价,以实事求是的态度分析研究,找出经验教训,用以指导下一个阶段实践的一种应用文体,是党政机关、企事业单位、社会团体广泛使用的文体。总结可以将肤浅、散乱的感性认识上升到深刻、系统的理性认识,是积累、交流经验的便捷手段,也是作出决策的重要依据。通过总结,人们可以正确认识、客观评价前段工作的优点与不足,在接下来的工作中少走弯路、少犯错误。

（一）总结的特点

1. 实践性

总结是对具体单位或个人实践活动的经验、教训的提炼和概括。从实践中得来的经验教训,才能反映客观过程的本质,才具有指导意义;否则,就会把人们的认识引入歧途,给实际工作造成损失。

2. 客观性

总结的写作应建立在对已发生事件的客观、理性的问题和思考上,所举事实、数据必须确凿可靠,严禁歪曲、杜撰。

3. 概括性

总结是对过往经历的高度概括,以汲取经验、教训,指导下一阶段工作为目的,内容上力求精简、凝练。从陈述事实的角度而言,不必事无巨细,一一列举。从提炼观点的角度而言要抓住事物的本质,片言居要。比如总结机关效能建设工作,在罗列具体做法、分析利弊的同时,概括出下一步要加强工作人员吃苦耐劳教育的观点,这就偏于从表面出发,没有揭示本质。关键应该是健全效能建设机制,奖罚分明,从制度层面提升员工的服务意识和竞争意识。

（二）总结的分类

按内容不同,总结可以分为工作总结、思想总结、学习总结等。
按时间不同,总结可以分为月份总结、季度总结、年度总结等。
按作者不同,总结可以分为个人总结、部门总结、单位总结等。
按性质不同,总结可以分为综合性总结、专题性总结。综合性总结又称全面总结,是个人或单位对一定时期内各项工作的全面回顾,特点是涉及面广、问题多、时间长。专题性总结是对某一方面工作或某一问题进行的专门总结,侧重于经验，故又称经验总结，特点是切口小、针对性强。

（三）总结的写作要求

1. 总结的基本样式

（1）板块式。这是总结最基本、最传统的样式，即按照"基本情况—成绩与经验—问题与教训—打算与建议"的先后顺序分别叙述。全篇按照内容不同划分若干板块，逻辑清晰、整体性强。

基本情况介绍，概括介绍总结的对象、目的、背景、工作进程、工作任务等。成绩与经验是总结的主要内容，也是重点、难点，应写明具体做法、典型事例、统计数字，对取得成绩和经验进行深入分析、评价，概括出规律性的东西。问题与教训，要写清工作中存在的不足，有待解决的问题，获得的主要教训。打算与建议主要写今后工作的方向和打算，依据前文提出具有建设性和可行性的建议。

（2）阶段式。即将事物发展过程或工作经历分成若干阶段，按时间或事物内在发展规律安排顺序，分别说明每个阶段的情况、做法、成绩、经验和教训，这有利于全方位了解事物全貌，更好地把握规律，吸取经验教训。

（3）条文式。这种样式采取从大量材料中概括出观点的做法，按递进或并列形式列成若干条文，每一段条文就是一个观点。

（4）标题式。这种结构把问题或情况归纳成若干小标题，以标题领起全篇的各个部分，具有层次清楚、形式灵活的特点。

2. 总结的结构内容

完整的总结分为标题、正文、落款三部分。

（1）标题。总结的标题分公文式标题和非公文式标题。

公文式标题一般由单位名称、时限、内容、文种组成，如《××区2018年度党建工作总结》《××学院2017—2018年度招生就业情况总结》。

非公文式标题则比较灵活，有单行标题和双行标题。单行标题往往直接揭示主题，如《环境监测与保护工作要做到经常化》。双行标题由正标题和副标题两部分组成，正标题概括主旨，副标题补充说明具体单位或工作内容，如《推进科学发展奏响时代强音——全县宣传思想工作总结》。

（2）正文。从内容上看，正文包括基本情况介绍、做法与成绩、经验与教训、今后打算四个方面。从形式上看，正文包括开头、主体、结尾三部分。

开头，也称前言，对基本情况作概述，包括介绍总结的单位，工作任务的背景、目的、主要内容等。这部分是让读者对总结的事物有个总体印象和认识，应根据总结内容的需要，紧扣中心、言简意赅地说明情况。

主体部分是正文的核心部分，包括陈述具体做法、成绩、经验教训，表明今后打算等。要求在实事求是地回顾以往工作的基础上，深入分析成绩取得的原因，探究存在问题的根源，吸取经验教训。应力求做到主旨鲜明，重点突出。主体部分有三种常见的结构形式：①纵向式，即以时间为序，将总结所包含的时间段进一步划分成几个时间段，分别叙述每个阶段的做法、成绩、经验、教训。此种写作可以较为清晰地再现实践活动的全过程。②横向式，即对所述内容按性质进行提炼归类，分为几个模块，并列说明。这种方法的优势是层次清晰、重点突出。③纵横交错式，这种方法既考虑到时间先后，体现事物的发展过程，又注意事件的逻辑联系，从几个方面列举事实，表述经验教训。

结尾是在上文阐述成绩、总结经验教训的基础上，提出今后工作的主要任务和举措，展望未来，表明决心。该部分与开头相照应，篇幅不应过长。在主体部分已表达过的内容，可不必再写。

（3）落款。落款处要写明单位名称、个人姓名、定稿日期，如需上报的，还应加盖公章。单位名称可以放在文后右下方，也可置于标题之下。个人署名一般都写在正文的右下方。

综上所述，总结写作的注意事项如下。

（1）思想正确，实事求是。以正确的思想为指导，以事实为依据。一切从实际出发，是总结写作的基本原则。如党政机关的总结，要坚持以党的路线、方针、政策为依据，客观评价实际工作情况，总结出能够指导现实的有价值的经验，坚决杜绝浮夸、歪曲、报喜不报忧。

（2）提炼材料，突出重点。总结的选材切忌贪多求全、主次不分，要根据总结的整理并选择材料，保留能体现本单位或个人特点的材料，避免面面俱到、泛泛而谈。只有集中笔墨，写深写透，才能真正概括出规律，总结出特色，起到指导、借鉴、参考的作用。

（3）层次清晰、语言精当。总结是对之前实践的客观回顾、理性评价，要在高度提炼材料的基础上合理安排层次。清晰的层次有利于读者了解个人经历或单位工作进程，认可成绩，理解问题。语言上也要精练、朴素。

（4）讲求创新，体现个性。千篇一律的总结没有价值，好的总结要从新颖的角度审视过去，产生独特的体会、独到的发现。例如，通过与其他单位比较，找出自身在做法上的创新与独特之处，以特色提升总结的价值。

三、调查报告的写作

（一）调查报告的含义

调查报告是对客观事物进行实地调查研究后写成的反映调查研究成果的一

种应用文体。它是根据特定的目的，对某一情况、问题、经验等进行深入调查，经过分析研究，得出结论而写成的书面报告。

总结典型经验的调查报告和经验总结有相似之处，容易混淆，要注意区别。总结是写本人本单位的实践活动和经验教训，调查报告反映的可以是本单位的，更多的是对他人单位调查研究的结果；总结大多是定期写作的，调查报告的写作不定期；总结必须用第一人称，调查报告用第三人称；总结是本人本单位的工作回顾，最后要找出不足和差距，明确今后努力的方向，调查报告则以典型经验推动实际工作，不一定要写差距或不足。

调查报告使用的范围较为广泛，具有以下几个方面的作用：第一，它是各级领导制定方针政策、进行科学决策、适时指导工作的依据；第二，它是交流经验、吸取教训、推动工作的重要手段；第三，它可以反映新生事物的发生、发展的过程，揭示其意义和作用，促进其成长壮大；第四，它可以揭露问题，为处理和解决问题提供材料，以引起有关方面的重视，加速问题的解决。有些特殊的调查报告还可以昭示某个问题或事件的真相与实质，还历史以本来面目。

（二）调查报告的特点

1. 目的明确，有针对性

调查报告的写作有明确的目的。要明确：调查什么？为什么调查？最终的目的是什么？因此，调查报告的针对性很强。调查的事件应是针对现实社会中某种现象，要配合当前的形势。无论写什么调查报告，都要有的放矢。调查报告的针对性越强，它提供给各级领导作决策参考和指导工作的作用也越大。总之，它要回答大家关心的问题，要解决实际工作中迫切需要解决的问题。

2. 材料确凿，重真实性

调查报告属于广义的新闻范畴，具有新闻的特点和价值，因此，材料必须真实。写进调查报告中的材料，不能夸大，不能缩小或虚构，并且要具有典型性和代表性。所以，从客观实际出发，用事实说话，是调查报告的生命。

3. 叙议结合，显事理性

调查报告固然需要充实的事实作为报告的材料。但它不是纯客观地记录事实，更重要的是对事实加以分析，进行恰当的议论，对事物作出理性的说明。撰写调查报告，一般是通过对事实的概括和简要说明，由事论理，最后得出结论，力求既弄清事实，又说明观点。在表达方式上主要用叙述，同时兼有分析、议论、叙议结合。从量上看，叙述和说明占主要篇幅，但议论和说理是它的灵魂。当然，议论必须适当，画龙点睛，不宜大发议论，更不宜空发议论。

(三) 调查报告的分类

1. 按调查报告的性质分类

(1) 总结经验的调查报告。这种调查报告主要总结具有普遍意义的典型经验，内容一般包括创造先进经验的思想基础、创造过程、具体做法、实际效果和典型意义等方面。

(2) 反映情况的调查报告。这种调查报告主要对某一方面的现实情况进行专题调查，为有关部门了解情况、研究问题、制定政策或计划、指导工作提供参考。内容一般包括新情况发生的过程、表现形式和特点、作用或意义，存在问题与对策等方面。

(3) 揭露问题的调查报告。这种调查报告主要用调查到的大量事实，揭露和分析某一问题，总结教训或是提出作者的意见，以引起社会舆论和有关部门的重视，从而提高认识、吸取教训、推动工作，同时也为有关部门了解情况、解决问题提供依据，最终达到弄清是非、教育群众、解决问题的目的。内容一般包括存在问题、产生原因、意见和建议等方面。

(4) 新生事物的调查报告。这种调查报告主要反映能体现时代精神的新人、新事、新风尚。通过调查研究，提高人们对新生事物的认识，从而对其完善、发展起到推动作用。内容一般包括新生事物产生、发展的过程，揭示其成长的规律，说明其意义和作用等方面。

2. 按调查的方法分类

(1) 综合调查报告。它是采用普遍调查的方法，围绕一个中心问题、一项新的决策等进行调查研究后写出的综合性的调查报告。这种调查报告涉及面广、事多，资料全面往往是对一个或几个单位、一个或几个地方乃至全国范围的多方面情况进行全面调查，经过分析综合而写成的。如社会基本情况调查报告、人口普查调查报告等都属此类。

(2) 专题调查报告。它是采用非普遍调查的方法，围绕一个具体的问题进行调查研究后写出的专题调查报告。非普遍调查不是对确定的范围内的所有对象进行调查，而是运用典型调查、重点调查、抽样调查的方法，往往是就一件事、一个人或一个问题进行深入的调查，以求得明确结论或提出自己看法和意见面写成的，如案件调查、毕业生就业调查等。

（四）调查报告的写作要求

调查报告一般由标题、署名、正文、附件组成。

1. 标　题

调查报告的标题应新颖、具体、简明。

（1）单行标题。公文式标题由"调查对象＋调查内容＋文种"组成。如《关于××市社区卫生服务发展情况的调查报告》；文章式标题用一句话概括出调查报告的主题或内容。

（2）双行标题。正标题揭示主题，副标题点明调查对象、调查事件、文种等。

2. 署　名

单位署名可在标题下方，也可放在标题内，与公文类似，如《××学院专业建设调查报告》。团体、个人署名在标题下方居中。如果是供领导决策参考的，则署名在文尾右下方。

3. 正　文

调查报告的正文分前言、主体和结语三部分。

（1）前言。也称引言或导语，这一部分主要介绍基本情况。它一般用来说明调查的目的、对象、经过、时间、地点、范围方式等，或者概述调查对象的基本情况和全文的主要内容，也或者提出一个大家关心的问题、事件等。前言文字不长，但对文章起着重要作用，要写得精练概括、引人注目，给读者以总体认识。前言常用的写法有叙述式、提问式、问答式、结论式、评论式。

（2）主体。主体是调查报告的主干，包括调查情况、调查分析、调查建议三个方面内容。

调查情况。这部分是调查报告的主要部分，叙述调查经过、调查的主要情况和结果。行文有纵式写法、横式写法、纵横式写法。纵式写法是按照事情发生的先后顺序。从头至尾地叙述，也可按调查次序先后将调查内容逐一叙述。这种写法有助于读者对事物发展的来龙去脉作全面的了解，给人以真实、亲切之感。横式写法是先将调查得来的情况、内容分类别，冠以序号或小标题，一一写来。这种写法使得调查报告眉目清楚、条理分明，易于读者掌握内容。纵横式写法是纵式和横式交错使用的方法。从文章的全貌来看，是从问题发展的脉络来写的，但在叙述的过程中或叙述完问题的发展过程之后，又分别对一个问题的几个方面或一个典型的几条基本经验加以阐述，这种综合式的写法纵横交错、有条不紊。

调查分析。这是作者对调查情况的分析评价，或指出性质，或找出原因，或评判是非、善恶、真假。调查分析笔墨不多，但很重要，应简明扼要、态度明朗、评价准确。

调查建议。针对调查情况和分析，提出解决问题的意见、措施、建议。一般分条逐项写明，也可笼统提出策略方案。意见要中肯，措施、建议要切实可行。

（3）结语。结语要求简明扼要、意尽即止。有的结语总结全文，有深化主题的作用；有的结语提出新问题，指出方向，启发读者进一步思考；有的结语展望远景，给人鼓舞；有的是把在主体部分没有讲到的与本调查报告有关的情况或问题在结语处作一交代或解释说明；有的是主体部分讲完，文章结束，不作专门的结语。总之，调查报告的结语要有话则长，无话则短。

4. 附　件

有的调查报告把图、表、照片等附属材料附在正文之后。调查报告的写作应遵循以下几点要求。

第一，深入调查，广泛搜集材料。调查是报告的基础，报告是调查的结果。没有调查研究就没有发言权，必须对调查对象进行深入细致的调查，广泛地搜集材料，才有可能写好调查报告。做到既要掌握直接材料，又要掌握间接材料；既要了解现实材料，又要了解历史材料；既要了解面上的材料，又要了解点上的材料；既要了解正面材料，又要了解反面材料。搜集的材料越丰富、越细致、越全面，对提炼主题、精选材料越有利。所以，深入地调查、广泛地搜集材料是写好调查报告最重要的环节。做好调查，要解决调查的态度和调查的方式方法问题。要尊重事实，不能先入为主。调查要力戒主观主义、片面性，既不夸大也不缩小，也不能偏听偏信；既不能带着某种成见去搜寻所需"材料"，也不能用调查之前设想的结论去套用或改造材料，更不能走形式主义，弄虚作假，或报喜不报忧，为迎合上级或利益集团歪曲事实。

要确定调查的方式和方法。深入广泛地调查，明确调查目的，清楚调查的对象、范围后，拟定调查的纲目，确定调查的方式和方法。最常用的调查方式有开调查会、个别访问、现场观察、文献查阅、问卷调查、科学实验等。调查方法可分为全面调查和非全面调查两类。全面调查又分为一次性调查、经常性调查和专门调查；非全面调查又分为重点调查、典型调查和抽样调查。

第二，认真研究，形成正确的观点和结论。要如实反映客观情况，发挥调查报告在指导工作实践、解决实际问题中的作用，就必须在全面搜集材料的基础上认真分析材料、研究材料。从感性上升到理性，得出正确的结论，概括出调查报告的中心观点。中心观点一经确立，就能对调查报告中的全部观点和材料起统帅作用，并能根据它来选择材料、安排材料，使调查报告成为一个有机整体。调查报告只有形成明确的观点和结论，才能体现其价值，发挥其作用。

第三，精心安排，观点和材料相统一。观点是从材料里提炼出来的，材料是形成观点的基础，是表现观点的支柱。如果材料不能说明观点，观点就站不住脚。调查报告要有说服力，必须将观点和材料相统一。因此，在形成观点之后，还有一个对材料取舍的过程。也就是说，必须对收集到的大量材料加以精心选择，选出那些最能说明观点的材料。如果说，调查时掌握的材料要越多越好，那么选择材料则要越精越好，起到"以一当十"的作用。选择材料的原则主要是围绕主题，突出主题，实现观点与材料的统一。观点统帅材料，材料说明观点。观点和材料相统一是写好调查报告的一项基本要求。

第四，语言准确、简洁、通俗、生动。调查报告同新闻一样，都是用事实说话。所以，调查报告的语言首先要求准确，只有准确的语言才能反映确凿的材料，说明正确的观点。简洁的语言能使人对调查报告所介绍的经验和所反映的问题清楚明白、一目了然。语言通俗则容易被读者理解和接受，有利于充分发挥调查报告的宣传作用。对于群众的生动语言要尽量采纳，并保持其原貌，使文章既能说明问题，又增加了生动性和表现力，以提高表达效果。

第三节　演讲稿、申请书与倡议书的写作

一、演讲稿的写作

（一）演讲稿的概念

演讲稿，也叫演讲词，是演讲者事先准备的，用来在大会上或其他公开场合发表个人的观点、见解和主张的文稿。它是进行演讲的依据，可以用来交流思想、感情，表达主张、看法，也可以用来介绍自己的学习、工作情况和经验等，对演讲起着提示与规范的作用。

（二）演讲稿的种类

根据不同的标准，可以将演讲稿分为不同的类型。

1. 根据功能进行分类

根据功能，可以将演讲稿分为以下几类。

（1）激发性演讲稿。激发性演讲稿最关键的是要找到与听众情感的共鸣点，让听众为演讲者睿智的思想和真挚的感情而欢呼雀跃。

（2）说明性演讲稿。说明性演讲稿旨在传达信息、阐明事理，因此，要做到事实准确、知识丰富，使人信赖。

（3）激励性演讲稿。激励性演讲稿的目的是让听众在知道、激动的同时，还要使之产生与演讲者一起去行动的想法，因此，这类演讲稿一定要情感饱满，富有鼓动性。

（4）娱乐性演讲稿。娱乐性演讲稿多用于一些喜庆的场合。因此，这类演讲稿的材料要幽默、语言要诙谐。

2. 根据内容进行分类

根据内容，可以将演讲稿分为以下几类。

（1）学术演讲稿。学术演讲稿是指科技人员、理论工作者就自己研究领域内值得探讨的问题向听众表述自己的见解的讲演文稿。学术演讲稿的写作内容要科学、论证要严密、语言要准确。

（2）政治演讲稿。政治演讲稿常见的有政治家、思想家（包括各国领导人）发表的重要报告或讲话。

（3）法庭演讲稿。法庭演讲稿是在诉讼过程中，由国家司法机关的代表或辩护人员使用的讲演文稿。这类演讲稿具有两个特点：第一，要以事实为依据，以法律为准绳，以理服人；第二，不带任何个人感情色彩，不讲过多与当事人案件无关的话题。

（4）生活演讲稿。生活演讲稿主要是针对日常生活中出现的一些现象发表见解、进行演讲的文稿。生活演讲稿写作的关键是要从纷繁复杂的生活现象中挖掘出正确、鲜明、深刻的主题，用新颖、贴切、典型的材料组织文稿。

除上面所列举的各种类型外，演讲稿还可以按表达方式分为叙述型、议论型、抒情型；按形式分为命题演讲稿和即兴演讲稿等。

随着演讲活动的广泛开展和对演讲稿写作研究的深化，可能还会出现更多更好更新的写作种类。

（三）演讲稿的写作格式

演讲稿的结构包括标题、称呼语、开头、主体、结尾五个部分。

1. 标　题

演讲稿的标题有很多种，有的巧设比喻，有的直接点明观点，有的以反问形式入题。不论是哪种标题都要求新颖、生动、恰当而富有吸引力。这样的标题不仅能在演讲前给人急欲一听的强烈愿望，而且在演讲结束之后，同其内容一样,给人留下永久的记忆。

2. 称呼语

称呼语是演讲开始时对听众问候的方式,如"尊敬的各位评委、老师,亲爱的同学们:大家晚上好!"

3. 开　头

演讲的开头,也叫开场白,其主要有以下几种。

(1)开门见山。这种开头是一开讲就进入正题,直接揭示演讲的中心。

(2)说明情况。对发生的事情、人物对象作出必要的介绍和说明。这种开头可以迅速缩短与听众的距离,使听众便于了解下文。

(3)提出问题。这种方法是根据听众的特点和演讲的内容,提出一些激发听众思考的问题,以引起听众的注意。

4. 主　体

演讲稿的主体部分是演讲的核心部分。在行文的过程中,要处理好层次、结构和衔接等几个问题。第一,要摆事实,讲道理,层次清晰地展开论述;第二,结构安排张弛有致,跌宕起伏;第三,边叙事边议论,行文变化,富有波澜。

5. 结　尾

演讲稿的结尾是演讲内容的自然结尾,言简意赅、余音绕梁的结尾能够使听众精神振奋,并促使听众不断思考和回味。

(四)演讲稿的写作要求

演讲稿的写作要求包括七个方面:第一,一篇演讲稿只能有一个中心,全篇内容都必须紧紧围绕着这个中心去铺陈;第二,撰写演讲稿时要了解听众的性格、年龄、受教育程度等,分析他们的观点、态度、希望和要求;第三,语言要准确生动,要多用比喻,多用口语化的语言,深入浅出,让人能够听明白;第四,要把抒情和说理有机地结合起来,做到动之以情,晓之以理;第五,要选择听众感兴趣的、有现实意义的题目,并根据演讲时间的长短规定大小合适的范围;第六,确定了演讲的观点之后,材料必须紧扣观点组织,为阐明观点服务;第七,演讲离不开真实典型、生动形象的事例。

二、申请书的写作

申请书是个人、单位或集体向组织、领导或社会团体提出请求,要求批准或帮助解决问题时使用的专用文书。

（一）申请书的特点

申请书的特点概括来说主要包括三个方面：第一，申请书具有明确的请求性质；第二，申请书采用书信体的格式；第三，申请书属于上行文。

（二）申请书的分类

根据不同的标准可以将申请书分为不同的类型。

根据作者，可以将申请书分为两类：第一，个人申请书；第二，单位、集体公文申请书。

根据内容，可以将申请书分为三类：第一，参加某种组织的申请书；第二，要求某种权利的申请书；第三，请求解决问题的申请书。

（三）申请书的写作格式

申请书应该包括以下几个部分内容。

（1）标题。申请书的标题主要有两种写法：第一，标题中直接写申请书；第二，在申请书前面加上内容，即要写的申请书是什么申请书。这种写法比较常用。

（2）称谓。要顶格写明接受申请的单位或者有关领导。

（3）正文。正文是申请书的主体部分，包括两个部分：第一，要写明申请的事项；第二，申述提出申请的具体理由。

（4）结尾。在结尾处，既可以写"此致，敬礼"之类的敬语，也可以写"特此申请"之类的话，也可以不要结尾。

（5）署名和日期。如果是单位申请，要加盖公章。

（四）申请书的写作要求

申请书的写作要求包括四个方面：第一，要将有关申请的详细情况一一列举出来；第二，要注意内容的单一性和完整性；第三，要条分缕析，使人一看便知；第四，在一些要求加入某种组织的申请书中还要写明自己的决心、态度和要求。

三、倡议书的写作

倡议书是个人或集体提出建议并公开发起，希望共同完成某项任务或开展某项公益活动所运用的一种专用书信。其目的是通过倡议书鼓动宣传，能够广泛发动群众，调动公众团结互助，群策群力，共同奋斗。

(一)倡议书的特点

倡议书的特点主要包括以下几种。

(1) 公开性。倡议书就是一种广而告之的书信,目的是让广大人民群众知道了解,从而激起更多的人响应,以便能够在最大的范围内引起共鸣。

(2) 群众性。倡议书往往是面向一个部门或一个地区的所有人发出,甚至向全国发出,所以群众性是倡议书的根本特征。

(3) 不确定性。倡议书是要求广大群众响应的,然而其对象范围往往是不定的。它即便是在文中明确了自己的具体对象,但实际上有关人员既可以响应,也可以不响应,而与此无关的别的群众团体却可以有所响应。

(二)倡议书的种类

从不同的角度可以将倡议书分为不同的类型。从发文的角度划分,可以将倡议书分为个人倡议书、集体倡议书、企事业单位和机关部门倡议书等;从倡议内容的角度划分,可以将倡议书分为针对某一具体生活事件问题的倡议书和针对某种思想意识、精神状况的倡议书。

(三)倡议书的写作格式

倡议书一般由标题、称呼、正文和落款组成。

倡议书的标题通常有两种写法:①在正文上方标明"倡议书"三字;②也可以在"倡议书"三字前概括倡议的内容。

根据被倡议对象的不同选用不同的称谓。也可以不另起行写倡议对象,而在正文中指明。

正文的写法如下所述。

(1) 开头空两格,先总述倡议的根据、原因、目的和意义。

(2) 主体部分写倡议内容,可分条列出具体内容,也可以整篇幅写。

(3) 结尾表明决心和希望。

倡议书的落款通常写发出倡议的单位或个人的姓名,下面签署日期。

(四)倡议书的写作要求

倡议书的写作要求包括:第一,倡议书的背景目的要写清楚,理由要充分;第二,倡议书的内容要有新的时尚和精神;第三,倡议书的内容要切实可行,不要违背党和国家的方针、政策;第四,倡议书的措辞要恰切,情感要真挚,同时要富于鼓动性;第五,倡议书具有公开性,因此在写倡议书时要注意选题,选择有意义的、适合当前形势的话题内容;第六,倡议书篇幅不宜太长。

第四节　启事、简报与海报的写作

一、启事的写作

启事是国家机关、社会团体、企事业单位或个人，有事情需要公开说明，或请求大家援助、支持或协助办理与参与，用简明的文字公之于众的一种应用文体。

启事一般张贴在公共场所或刊登在报纸上，也有的在广播、电视中播出。启事内容要周到完整，语言要具体明确，中肯礼貌。如果内容多，还应分条说明。

（一）启事的特点

启事的特点主要有以下几个。

（1）告知性。启事的最突出特点是告知性。就是告知人们某一事项，只具有知照性，无强制性和约束力。

（2）简明性。语言上多简洁、准确，行文灵活，有的启事三言两语，有的启事用单行单句排列内容，尽力做到一目了然，写清楚要告知的事项即可。

（3）公示性。常借助广播、电视、报纸、期刊等新闻媒介广为传播；也可以在人们活动频繁的场所或人员聚集地区公开张贴。

（二）启事的种类

根据不同的标准，可以将启事分为不同的类型。

根据公布方式的不同，可以将启事分为张贴启事、报刊启事、广播启事、电视启事等；根据内容的不同，可以将启事分为寻找类启事、声明类启事以及征招类启事。

（三）启事的写作格式

启事的写作格式，一般包括标题、正文、落款三个部分。

启事的标题，可以有以下三种写法：①由单位名称（或个人）+事由+文种构成，即完整式标题；②由事由+文种构成，这样的标题使读者一眼就能看出启事的事由；③只写事由，这样的标题简单明了。

在启事标题之下空一行开始写内容。一般应包括启事目的、原因，并提出要求，或告知具体的事项。若内容较多，建议可分条列项写作，以显清晰，便于阅读和记忆。正文部分多使用直陈手法，内容的详略则视具体情况而定，将有关事项简明扼要地交代清楚即可。

落款由署名和日期两部分组成。署名即写作启事的单位名称或个人姓名，写在正文的右下方。如果标题中或正文已写明单位名称，结尾处可省略不写。凡以机关、团体、单位的名义张贴的启事，应加盖公章，以示负责。有的启事需附上联系地址和方式，有时还要写明乘车路线等。如果是个人发出的，则要写明联系人和联系电话、电子邮箱等。日期的年月日写法要统一。

（四）启事的写作要求

启事的写作要求包括六个方面：第一，标题要鲜明、醒目，使人一眼就能看出启事的性质与内容；第二，启事是公开说明某事或希望公众予以协助办理或帮助某事，其内容必须完全真实，不得弄虚作假；第三，事项要严谨、完整，不应遗漏应启之事，启事的目的、事项、条件、联系方式等都要一一交代清楚；第四，事项要单一，一事一启，不要几件事情放在一个启事中去写，否则启事的内容就会繁杂，重要的事情就会淹没其中；第五，启事都是张贴在公共场所或刊登在报纸杂志的某一角落，所占篇幅有限，所以语言要尽量写得简明扼要，通俗明白；第六，启事的读者极为广泛，没有指定对象，因此开头一般不用称呼。

二、简报的写作

（一）简报的含义

简报是党政机关或企事业单位用于汇报工作、反映情况、交流信息的事务性文书。我国最早的在内容和形式上趋于完整的简报是在汉武帝初年出现的。那时叫"邸报"，是古代的官报。当时邸报是手抄报，由一些官员将诏、令、章、奏等公文随时抄写下来，简明扼要地反映情况、传播信息。到了唐代，出现了印刷的"邸报"。随着时代的发展，尤其是西方传播信息的新闻报纸出现，社会上一些能公开发表的信息，以报纸的形式传播，而一些不宜公开披露的信息，则用简报在内部传播。1955年6月9日，国务院颁发了《关于所属各部门工作报告制度的规定》，自此正式有了简报的名称。简报常作为机关单位内部的刊物或者会议期间的一种临时性刊物在内部发行，可以起到上传下达的作用。简报常用于向上级机关反映和报告情况；机关、企事业单位、社会团体迅速向下级机关推广经验、指导工作；同级机关相互沟通和交流情况。

（二）简报的特点

1. 新颖性

撰写简报的目的是向上级汇报工作，对下级指导工作，向同级单位通报情况，交流信息，使读者从所反映的新情况、新经验、新动态中获得新的认识。因此，要把大家关注的新生事物、新问题及时在简报上反映出来。如果内容没有新颖性，简报也就失去了自身的价值。作者应该有敏锐的目光，能发现新问题，选择新的报道角度，以保证简报的新颖性。比如写会议简报，会议期间出现的新情况、新观点，应当是简报报道的重点。

2. 快速性

简报用以传达公务信息，从这一文体形成开始，就具有快速性特征。古代官邸中的官员抄写"要闻"，是为了及时汇报朝廷和京师发生的重大事件。只有反映情况"快"，才能使新颖的内容不过时，对工作才有指导和参考作用。

3. 简短性

简报内容要新，编发速度要快，因而简报不能写得冗长，应简明扼要、短小精悍，一般只需反映出主要问题，不必面面俱到。因为，对作者而言，如果写作花的时间长，就很难做到及时编出、及时发送。对读者而言，阅读简报的目的是为了了解有关信息，不简要的内容影响读者的阅读效果。因此，简报必须是主旨单一、一事一报。大型会议可编发多期简报。

4. 保密性

简报是在相关领域内部一定范围内传播的，简报的有些内容不宜对外披露。不同的简报有不同程度的保密要求，有不同的阅读范围。有的简报会专门标注"内部参考"的字样，这一点与新闻稿有明显的区别。

（三）简报的种类

简报根据性质，可分为综合简报、专题简报；根据发送的对象，可分为上行简报、下行简报、平行简报；根据内容，又可分为情况简报、会议简报、经验简报。情况简报是用来反映工作动态、工作中的成果或问题的，比如开展了什么活动，哪项工作取得了进展，出现了哪些突出的问题等；可以是定期编发，如一周一期、一月一期，也可以是不定期编发，根据需求编发。会议简报是召开大中型会议时，用以向有关领导和有关人员通报会议情况或为组织、引导会议的进行而编写的简报。会议简报主要报道会议的概况、会议进展情况、会议的主要内容和所讨论的主要问题等。会议议题单一，会程不长的，一般发一期简报，如果会程较长，内容较多，可以分阶段发多期简报。经验简报是一种专门介绍先进典型、报道先进经验的简报。

（四）简报的写作要求

简报由报头、报身、报尾三部分组成。

（1）报头。简报有固定的报头，这一点近似行政公文。报头有固定的版式，包括简报名称、期数、编写单位、印发日期、秘密等级、编号等几部分。报头与正文之间，用横隔线隔开。报头在第一页上方，占一页的1/3篇幅。简报名称应排在报头的中间，标明"××简报"，通常用大红字体套红印刷。如"会议简报""招生工作简报""科研工作简报"，期数一般排在简报名称的正下方，标明"××期"，还可以用括号标明总期数。编报单位写于期数的下方左侧。印发期在编报单位的右侧。秘密等级标在标题的左上角。注有"绝密""机密""秘密"或"内部参考，注意保存"等字样，以示保密程度。编号放在报头的右上角，与密级相对称。有的简报在报头和标题之间加上编者按，用来表明编报者的意图和观点。通常在按语前加"编者按""按"等字样。常见的按语写法有两种：一是提示性按语，把简报的中心内容提示出来，便于读者迅速领会文章精神；二是评价性按语，表明编者对简报所报道事实的看法，引导读者掌握政策界限。

（2）报身。报身是简报的内容部分，由标题和正文两部分组成。简报的标题一般要扼要地概括正文部分陈述的核心内容，尽量准确、简明、醒目。可以是单行标题，即用一句话概括简报的内容。如"有关人士对明年宏观调控的建议"，这个标题概括准确、引人注意。也可以是多行标题，含有正题、副题等。如"领导干部必须'五官端正'：嘴不馋，腿不懒，耳不偏，心不散，手不长"。

简报的正文写法较为灵活，一般由开头、主体、结语组成。简报的开头，可用概括性的文字介绍简报的主要事实和基本内容，与消息中的导语相类似。如："最近，国家计委、中国人民银行、国家统计局等综合部门的一些人士认为，我国宏观调控措施出台以来，政策效果明显，但资金短缺矛盾突出，影响了经济的正常运行；正确把握宏观调控的力度，使经济增长平稳回落到合理区间是保持明年经济健康发展、各项改革方案顺利出台的关键。"也可以将所要阐述的道理用提问的方式提出来作为简报的开头，以引起读者注意；还可以用按语式的开头，说明编写简报的意义、目的等。

简报的主体一般要紧扣开头，对开头叙述的事实和提出的问题进行阐述或展开。正文的结构一般有两种顺序：一是按事情发生、发展的顺序来叙述，有头有尾，脉络清晰，适合报道一个完整的事件过程；另一种是按事理分类来写，即将材料归纳成几种情况、几个问题来写。还有一种是根据编发意图，选用有关素材片段直接编排起来，每条信息单独成段，也可加小标题，构成一个信息组合。

简报的结语，即简报的结束语，一般是指出事实的意义，或者揭示事件发展的趋势，起到画龙点睛的作用。但并不是每篇简报都要写结语，有的文章主体写完了，就可以自然结束，不写结语。

（3）报尾。在报文下方的两条平行横线内，写明简报的发送范围，有的分别标明：报、送、发。在横隔线下右侧还应标明编印份数。

总之，出简报有编和写两方面的工作，有的自编自写，有的只编不写。无论是编和写都应达到以下要求。

（1）明确编写思想。简报的编写要立足全局，要选择新鲜的、对读者有启发意义的情况和内容来报道，应围绕当前的形势和中心任务，把最典型的、最新鲜、最为读者关注的内容作为报道的对象，从全局着眼，把真实的带有动态性的情况和能给读者启发的经验在一定范围内呈现给读者。

（2）选择报道角度。简报的编写有一个提炼主题和选择报道角度的问题。简报从内容上要求有新鲜感，因而报道的角度非常重要。有的会议简报只是一般地报道会议的情况，那就缺少新鲜感，而如果抓住会议的特点进行报道，就会显得有意义。简报的作者应该在"新"字上下功夫，即力求反映新情况、新问题、新经验、新动向，给读者以新的启迪和教益。

（3）及时报道。简报的写作和编发速度要快，要抓住时机迅速及时地作出报道，失去了时机，简报也就失去了应有的作用。因此，报告工作情况要快，反映思想动态也要快，要争分夺秒地抢时间，使简报真正实现快速传递信息的目的。

三、海报的写作

海报是向公众报道或介绍有关戏剧、电影、杂技、体育、学术报告会等消息时所使用的一种招贴性应用文。海报通常张贴在有关演出的场所或较为醒目的地方，告知有关活动的事项。有的还可以在广播电视上播出。海报多数都加以美术设计，使之醒目、美观。

（一）海报的特点

一般来说，海报具有以下几个特点。

（1）限定性。海报只限于主办单位使用，个人一般不用。海报只适用于报道举办文化、娱乐、体育活动的消息，其他内容不适用。

（2）宣传性。海报大部分都是张贴在人们易于见到的地方，张贴海报的目的，不仅是广而告之，重要的是召唤人去观看或聆听，但海报不具有强制性和约束力。

（3）吸引性。海报常用色彩鲜艳的纸张，连文字有时也用彩色，还配上美术图案，与任何张贴的文章有明显区别。

（4）单一性。海报只用招贴的形式传播。它被贴在街头或公共场所，以达到广而告之的目的。

（5）商业性。海报是为某项活动做的前期广告和宣传，其目的是让人们参与其中，所以商业性色彩较浓厚。当然，学术报告类的海报一般是不具商业性的。

（二）海报的种类

根据应用的不同，可以将海报分为以下几种类型。

（1）商业海报。商业海报以促销商品、满足消费者需要等内容为题材，以获取经济利益为目的。

（2）公益海报。公益海报主题明确，传播着精神文明，引导着社会舆论，支配着公众的思想意识和行为方式，推动着社会公益事业的迅速发展。

（3）文化海报。文化海报是指各种社会文娱活动及各类展览的宣传海报。根据宣传内容的不同，又可以将文化海报分为四种类型：①文艺类海报，主要告知电影、戏剧、文艺演出和大型公众综艺活动；②体育类海报，主要介绍体育赛事和活动的海报；③报告类海报，主要告知举办各种讲座，学术报告，英模报告，政治形势、国际形势报告等内容；④展销类海报，告知各种展览活动，如商品展销、科普展览等。

（4）电影海报。电影海报是影剧院公布演出电影的名称、时间、地点及内容介绍的一种海报。这类海报主要起吸引观众注意、刺激电影票房收入的作用。

（三）海报的写作格式

海报一般由标题、正文和落款三部分组成。

1. 标　题

海报的标题写法多样，形式灵活，大体有三种写法。

（1）单独由文种构成，在第一行居中写"海报"或"好消息"字样。

（2）直接由活动的内容承担题目。

（3）采用新闻式标题，把内容最精彩、最重要的部分用艺术的手法概括，用若干词组表述出来，放在正题之下。

2. 正　文

海报的正文包括三层意思：一是举办活动的目的和意义；二是活动的主要内容、时间、地点；三是参加或参观的具体办法及其他注意事项，如是否凭票入场、票价及售票的时间和地点等。

3. 落　款

要求注上主办单位的名称及海报的发文日期。

需要注意的是，以上的格式是就海报的整体要求来讲的，实际在使用过程中有些内容可以少写或省略，灵活应用。

（四）海报的写作要求

海报在写作时应注意以下几点要求。

第一，文字要求简洁明了，篇幅要短小精悍。

第二，文中可以用些鼓动性的词语，以吸引观众，但不可以夸张失实。

第三，一定要具体真实地写明活动的地点、时间及主要内容，把向观众报道或介绍的问题、情况讲清楚。

第四，形式上要尽量活跃些，如用红色的新纸书写，强化效果，达到吸引公众兴趣和积极参与的目的。

第五，可以根据内容的需要，配上象征性的图案或图像，色彩和构图要突出、醒目、新颖。

第六，海报要张贴在易为观众所注意的公共场所，有的也可登报。

第五章　公关礼仪文书理论分析及其写作实践研究

公关礼仪文书是帮助个人或组织实现人际沟通交往的手段。它是人们在日常工作和生活中进行文明交往、密切人际关系、增强友好气氛、显示礼貌风范的一种重要工具。本章即对公关礼仪文书写作的相关内容进行简要阐述。

第一节　公关礼仪文书简述

公关礼仪文书是指国家、单位、集体或个人在喜庆、哀丧、欢迎、送别以及其他社交场合用以表示礼节、抒发感情的、具有较规范固定格式的文书。它是人们在社交场合、人际交往等礼仪活动中，用书面形式表达恭敬之情、礼貌之意时使用的各种实用性文体的总称。公关礼仪文书适应社会的需要而产生，又随着社会的发展变化而发展变化。公关礼仪文书具有以下几个显著特点。

（1）传统性。随着社会的不断发展，现在的公关礼仪文书与过去的尤其是古代的公关礼仪文书显著不同。但是，今天的公关礼仪文书是在过去的礼仪文书的基础上发展起来的，有其承传关系。考察这种文书的演变过程，探寻其发展轨迹，汲取精华，扬弃不适应当代社会发展的部分，对促进今天礼仪文书的兴旺和更新，是有所帮助的。

（2）真实性。公关礼仪文书是大到国家单位，小到集体个人等在喜庆、欢迎、哀伤、送别等场合用来表示礼节和抒发情感的一种应用文。它是人们真情实感的流露。所以，这种文书要热情和真诚，不应敷衍应付、不虚假矫情。

（3）情感性。公关礼仪文书的写作不是为了解决具体问题或处理具体的事情，而是为了在交往中沟通情感。因此在特定的场合或情境下要向礼仪对象表达有针对性的情感，它实际上是人们进行情感交流的一种书面形式。所以，写礼仪文书不只是写作技巧问题，还应先考虑它们需要表达一种什么样的感情，感情的深度如何，然后再考虑采用哪种格式，又如何遣词造句。

（4）模式性。公关礼仪文书和所有的应用文一样，是开展实务的工具，其写作要求切姓氏、切时日、切年龄、切身份、切情感，需根据一定的场合或一定的条件加以运用。它的工具性决定了它的结构模式是约定俗成的，从其抬头、称谓、正文、结尾的行文次序以及信封的格式都有一定的规范性要求，且不同的文种形式有各自不同的写作格式。在国际交往中，礼仪文书的要求更加严格。

（5）礼仪性。公关礼仪文书是为礼仪活动服务的，礼仪性是其突出的特点，不仅文辞典雅、称谓谦恭、祝颂礼貌，而且在书写款式、书写材料等方面也颇为讲究。在内容上，礼仪文书一般要对对方表示肯定或赞赏，在措辞上常使用礼貌用语。

第二节　欢迎词、欢送词、答谢词和慰问信的写作

一、欢迎词的写作

欢迎词是行政机关、企事业单位、社会团体或个人在迎宾仪式上或宴会开始时，主人对客人的到来表示欢迎的致辞文稿。欢迎词的用途很广，从重大的国事活动到单位之间的往来，从新生入学到新兵入伍等都可以使用。热情洋溢的欢迎词可给宾客带来愉悦与温暖，能在宾主之间制造一种和谐融洽的气氛，促成相互尊重、亲切友好的氛围，还可使宾主间在短时间内缩短距离、增进了解，便于日后的接触与合作。

（一）欢迎词的特点

欢迎词的特点主要有以下两个。

（1）口语化。欢迎词一般是现场当面向宾客表达的，所以它在语言的表达上具有明显的口语化色彩，既简洁又具有生活化的情趣，这样一方面便于接受和理解，另一方面还会拉近主人同来宾的距离。

（2）欢愉性。欢迎词是用于欢迎来自远方的宾客，因此其语言比开幕词、闭幕词更具有感情色彩，更需热情有礼，在致欢迎词时应有一种愉快的心情，言词用语务必富有激情和表现出致辞人的真诚。

（二）欢迎词的类型

根据表达方式，可以将欢迎词分为以下两种类型。

（1）现场讲演欢迎词。现场讲演欢迎词一般是由欢迎人在被欢迎人到达时在欢迎现场口头发表的欢迎稿。

(2) 报刊发表欢迎词。报刊发表欢迎词是发表在报刊或公开发行刊物之上的欢迎稿。它一般在客人到达前后发表。

根据社交的公关性质，可以将欢迎词分为以下两种类型。

(1) 私人交往欢迎词。私人交往欢迎词一般是在个人举行较大型的宴会、聚会、茶会、舞会、讨论会等非官方的场合下使用的欢迎稿，具有很大的即时性、现场性。通常要在正式活动开始前进行。

(2) 公事往来欢迎词。公事往来欢迎词一般在较庄重的公共事务中使用。要有事先准备好的得体的书面稿，文字措辞上要求较私人交往欢迎词正式和严格。

(三) 欢迎词的写作格式

欢迎词的写作一般应包括标题、称谓、正文、结尾和落款五个部分。

1. 标　题

欢迎词的标题多有两种形式：第一，揭示主题式，即直接用"欢迎词"三字做标题；第二，揭示缘由式，即采用"三要素"式，即由"致辞人＋致辞场合＋文种"构成。

2. 称　谓

在开头顶格书写被欢迎者的称呼，要写明来宾的姓名称呼。如"尊敬的各位女士们先生们""亲爱的××大学各位同仁"等，后要加冒号，个人姓名要用尊称。

3. 正　文

欢迎词的正文一般要包括三个部分：第一，说明致辞者代表什么人，向哪些来宾表示欢迎；第二，阐述来访或欢迎的意义、作用，或赞扬客人的成就、贡献，或回顾双方的交往和友谊；第二，表示欢迎之意以及对今后的祝愿和希望。

4. 结　尾

以简短话语再次表示欢迎，并进一步表达自己对今后合作的良好祝愿。

5. 落　款

落款包括署名和日期。在致辞结束时，不需念出署名、日期。如果要公开发表，就要在正文右下处署上致辞者姓名和日期。

(四) 欢迎词的写作要求

欢迎词在写作时有六点要求：第一，称呼要用尊称；第二，语言要热情，感情要真挚；第三，措辞要慎重得体，篇幅要短小精悍；第四，表述要礼貌大方,而且要尊重对方的风俗习惯;第五,欢迎应出于真心实意,显示出热情,并且显示出诚意;第六,篇幅不宜过长,言简意赅。

二、欢送词的写作

欢送词是行政机关、企事业单位、社会团体或个人、国家机关或单位在送别的会议或茶会、酒会等公共场合欢送友好团体或亲友出行时致辞的文稿。

（一）欢送词的特点

欢送词的特点主要包括以下几种。

（1）口语性。在写欢送词时,一定要注意用生活化的语言,遣词造句都要自然得体,富有生活情趣,只有这样,欢送词才能使人感到不造作,从而起到应有的效果。

（2）惜别性。欢送词要表达亲朋远行时的感受,所以依依惜别之情要溢于言表。当然格调也不可过于低沉。尤其是公共事务的交往更应把握好分寸。

（二）欢送词的类型

欢送词同欢迎词在分类上大致一样,按表达方式来分可分为现场讲演欢送词和报刊发表欢送词两种;按社交的公关性质来分可分为私人交往欢送词和公事往来欢送词两种。

（三）欢送词的写作格式

欢送词的写作一般应包括标题、称谓、正文、结尾和落款五个部分。

1. 标　题

欢送词的标题有两种形式:第一,揭示主题式,即直接用"欢送词"三字做标题;第二,揭示缘由式,即采用"三要素"式,即由"致辞人＋致辞场合＋文种"构成。

2. 称　谓

称谓要根据不同的场合而定,要包含所有到场的宾客,有时也可以在被欢送者的姓名前加合适的修饰语。外交活动中的欢送词,对主宾的称呼用全称,即姓名后加职位、职称,以示尊重;社交场合中的欢送词,对主宾的称呼一般不提职位、职务,以示亲密友好。

3. 正　文

欢送词的正文主要包括三个部分:第一,简要表达真挚、热情的欢送之意；第二，叙述被送者或宾客的成绩、贡献或双方的友谊，并对此作出积极的评价；第三，表达惜别之情以及对被送者或宾客的希望、勉励。

4. 结　尾

通常再次向来宾表示真挚的欢送之情，并表达期待再次合作的心愿。亲朋远行尤其要表达希望早日团聚的惜别之情。

5. 落　款

欢送词的落款与欢迎词的写法相同。

（四）欢送词的写作要求

欢送词的写作要求包括四个方面：第一，称呼用尊称，致辞要恰到好处；第二，感情要真挚诚恳，措辞要慎重得体；第三，态度要真诚热情，语言要简明准确；第四，内容要因人因事而异，不可张冠李戴、千篇一律。

三、答谢词的写作

答谢词是在人们在喜庆宴会、欢迎或欢送会、授奖大会，或对曾经帮助过自己的有关团体表示感谢的致辞。答谢词可用于商务活动、外交活动、学校毕业典礼等多种场合，是社会文明进步的表现形式之一。

（一）答谢词的特点

答谢词主要有以下几个特点。

（1）口语性。遣词造句也应注意使用生活化的语言，使致辞显得既亲切又自然得体。

（2）针对性。答谢词是针对热情接待与关照而产生的，所以具有鲜明的针对性特点。

（3）情感性。答谢词是重在表达感激之情的礼仪文书，写作重点在于表达出对主人的热情好客的真挚感谢之情。

（二）答谢词的类型

答谢词分为两种类型。

（1）现场即席致辞答谢。一般来说在较为随意轻松的场合可以即兴表示答谢。但在公共事务场合下，为庄重严肃起见，应按事先拟好的答谢词发言。

（2）信函电传答谢。有时答谢人无法到场，在这样的情况下，可以用书信的方式或用电子邮件来表示答谢之意。

（三）答谢词的写作格式

答谢词包括标题、称谓、正文、结尾、落款五个部分。

1. 标　题

答谢词有两种形式：第一，直接以"答谢词"为标题；第二，表明缘由型的，即"三要素"式，即由"致辞人＋致辞场合＋文种"构成。需要注意的是，标题只为行文需要，致辞人一般不必念标题。

2. 称　谓

称谓是主人或主办方负责人的姓名、职务和尊称。称谓一般不使用泛称，只在突出被答谢的主人之后，根据当时场合的实际，适当使用泛称以概括其余书写的多数人。

3. 正　文

答谢词的正文一般包括两方面的内容：第一，开头应先向主人或主办方表示感谢；第二，主体部分应对主人的热情接待表示诚挚的谢意，对宾主之间的交往进行回顾，对合作期间所取得的收获给予肯定。

4. 结　尾

结尾处要再次对主人表示感谢，并对双方下一次合作及双方关系的进一步发展表达美好的祝愿，使举行的仪式充满祥和友好的气氛。

5. 落　款

标明致辞的单位名称，致辞者的身份、姓名和时间。若标题中已经出现，也可不写。

（四）答谢词的写作要求

在撰写答谢词时应注意四点要求：第一，答谢词因不同的场合，写法可以不同，有些可以写得活泼些，有些则要庄重些；第二，篇幅不宜过长，要求语言生动、简洁、得体；第三，必要的客套话是不能省略的；第四，答谢词要注意与欢迎词的某些内容照应，这是对主人的尊重。

四、慰问信的写作

慰问信是行政机关、企事业单位、社会团体或个人对工作中作出巨大贡献、取得优异成绩或蒙受重大损失的集体或个人表示安慰、问候、鼓励和关切的事务书信。它能体现组织的关怀、温暖,社会的爱心与支持,朋友、亲人间的深厚情谊,能给人以奋进的勇气、信心和力量。

(一)慰问信的特点

慰问信的特点主要包括以下两个。

(1)情感沟通性。情感的沟通是支撑慰问信的一个深层基础。慰问正是通过这种或赞扬表达崇敬之情,或同情表达关切之意的方式来达成双方的情感交流和相互理解的。

(2)公开性。慰问信可以直接寄给本人,但大多是以张贴、登报,在电台、电视上播放的形式出现的。

(二)慰问信的类型

慰问信使用广泛,主要有以下三种类别。

(1)节日慰问信。节日慰问信一般是在重大节日来临之际,由国家领导机关或者是领导人给全国或者单位群众发出的。这类慰问信的使用范围和慰问对象非常广泛。

(2)受灾慰问信。受灾慰问信是慰问由于某种原因或突发事件(自然灾害、事故伤亡)而遭受重大损失的人民群众,对其表示同情和安抚,并鼓励他们战胜困难,重建家园。

(3)贡献慰问信。贡献慰问信是对那些为国家作出重大贡献的人员及其家人的慰问信,其目的是鼓励慰问对象继续努力,争取更大成绩。

(三)慰问信的写作格式

慰问信一般包括标题、称谓、正文、结尾和落款五个部分。

(1)标题。慰问信的标题通常有二种形式.第一,直接用文种做标题;第二,由慰问对象和文种组成;第三,由发出者和慰问对象及文种组成。

(2)称谓。顶格写慰问对象的单位或个人名称。

(3)正文。正文包括以下几个部分。

① 开头、事由。用简要文字陈述目前形势,写明慰问的背景和原因,以提起下文。

② 主体内容。慰问什么、为什么慰问。接着应比较全面、具体地叙述对方的模范事迹或所遇到的困难,肯定其功绩,宣扬其精神,然后向对方表示慰问和学习。

(4)结尾。结尾一般是表示共同的心愿和决心。最后写祝愿的语句。

(5)落款。写明发文单位或发文个人的称呼,并在署名右下方署上成文日期。

（四）慰问信的写作要求

慰问信有三点写作要求：第一，根据不同的对象确定慰问的内容和重点；第二，组织应以高度的政治热情，赞颂或慰勉对方，使其受到鼓舞；第三，语言要精练、朴实、亲切、诚恳，可适当运用抒情的表达方式，但要忌公式化、概念化的词语。

第三节　请柬、聘书、开幕词和闭幕词的写作

一、请柬的写作

请柬的"请"，是邀请的意思；"柬"与"简"相通，是信件、名片、帖子的统称。请柬也叫"请帖"，是单位或个人为邀请有关人员参加某项活动而制发的礼仪性专用信函。采用请柬方式邀请，显示主办者或主人的庄重态度及对宾客的尊敬，这既是礼仪需要，也是为了给客人提醒、备忘之用。因此请柬可用来传达信息、交流感情；设计精美的请柬还具有收藏价值；有些活动的请柬还有代替入场券的作用。

（一）请柬的特点

请柬具有显著的特点，概括来说包括以下几个方面。
（1）公开性。请柬公开发送，一般无保密性。
（2）庄重性。请柬表现出邀请者的庄重态度。
（3）礼貌性。请柬表明对被邀请者的尊重、礼貌和热情。
（4）精美性。请柬在款式和装帧设计上讲究美观、精致、庄重、大方。

（二）请柬的类型

根据不同的标准，可以将请柬分为不同的类型。

根据请柬发出者的不同，可以将请柬分为个人请柬和组织请柬。个人请柬用于个人或家庭的宴请。组织请柬用于集体社交的公关活动。

根据请柬文字排版形式的不同，可以将请柬分为横式请柬和竖式请柬。横式请柬是从左往右写。竖式请柬是从右边向左边写，每列从上往下写。

根据请柬内容的不同，可以将请柬分为喜事宴会请柬、会议庆典请柬、联欢聚会请柬等。喜事宴会请柬如婚嫁生子请柬、新居落成请柬、生日寿诞请柬、升迁立功请柬等。会议庆典请柬如需邀请嘉宾的会议请柬、单位挂牌开业请柬、

重大工程奠基竣工请柬、各种文化艺术节请柬等。联欢聚会请柬如军民联欢请柬、各种组织会员及同乡同学聚会请柬等。

根据拟写和制作方式的不同,可以将请柬分为灵活手写式和统一印制式(时间、地点、人物等留空)。

根据外形设计的不同,可以将请柬分为单页式(单页单面和单页双面)、对折式(双页折叠)、多折式等不同形式,图案、色彩、字体、凸凹三维,大有发展空间。

(三)请柬的写作格式

请柬一般由标题、称呼、正文、结尾、落款五部分构成。

(1)标题。请柬的标题一般用"请柬"二字,也有加事由的,封面要讲究艺术性,可加图案装饰,字体可用美术体,有条件者还可以烫金印刷。

(2)称呼。第一行抬头顶格写被邀请者的姓名及称谓,后加冒号。若邀请重要的客人,要写上被邀请人的姓名和职务。若是一般客人,多采用"尊敬的××女士/先生"的形式。发给长辈的可以省略姓名,直接写称谓,如伯父、伯母、舅父、舅母、叔叔、婶婶等。称呼后面加上冒号。

(3)正文。正文是请柬的主体,要写明受邀请人的姓名,拟举行的活动名称,活动的时间、地点及注意事项等,要尽量做到用词准确、精练、恳切、得体。

(4)结尾。结尾处要写上礼节性问候语或恭候语,如"恭请光临""敬请光临指导""致以敬礼""恭候指导""顺致崇高的敬意"等,既可紧接正文之后书写,也可另起一行顶格书写。

(5)落款。另起一行右下方倒空四格写明发出请柬的单位名称或个人姓名,通常单位还要盖公章,再另起一行倒空两格写请柬发出的日期。

(四)请柬的写作要求

请柬的写作要求包括六个方面:第一,文字简明通达,措辞典雅大方;第二,语气礼貌谦恭,要显示出邀请者的诚意和热情;第三,务必写清会议或活动的具体时间、地点及有关事项;第四,写作中应注意措辞典雅得体,内容表述准确清楚,格式规范;第五,在纸质、款式和装帧设计上,要注意艺术性,布局匀称,字体工整,做到美观、大方;第六,要掌握好发送时间,避免太早和太晚。

二、聘书的写作

聘书,又称聘请书。聘,即聘请,是用以聘请有关人员担任某一职务或承担某项工作的凭证,也是一种专门的文书,一般应有聘礼或聘约。因此,聘书不仅起着告知被聘人的作用，而且表示着聘者对受聘者的尊重。

（一）聘书的特点

聘书的特点主要包括以下几个。

（1）时间性。时间性是指在限定的时间内，所聘职务才能生效，过了规定时间，就失去了聘书的作用。

（2）针对性。聘书的针对性主要体现在两方面：第一，针对单位的实际情况，比如缺乏何种专业人才、岗位是什么等；第二，针对所聘请人的专业背景和实际能力。

（3）实用性。在人才交流中，可以聘书作为自己业务的汇报以及作为实际工作情况的一些参考。

（4）凭证性。聘书一旦签发和被接受，对双方都开始产生行政约束力，双方都要信守聘书上写明的职务、任务和待遇等内容，不得随意失约和违约。

（二）聘书的类型

聘书有聘请书和聘任书两类。

聘请书一般是临时性的。例如，如果单位组织活动临时聘请有关专家担任评委时用聘请书。活动一旦结束，聘请书的效用也就结束了。

聘任书在时间上一般长一些，具有较强的稳定性和约束力。当一个组织聘任到一个人员之后，发出的聘任书上要表明聘任时间，被聘任者要完成聘任书中所规定的任务。

（三）聘书的写作格式

聘书一般包括标题、称呼、正文、敬语、落款几个部分。

（1）标题。在正文上方正中写"聘书"或"聘请书"作为标题，标题的字要大而醒目。

（2）称呼。顶格写被聘者的姓名，姓名后要加上"先生""小姐"等称谓，其后加冒号。

（3）正文。正文交代聘请的缘由、任务、要求、权限、职务、任期等。最后用敬语表示感谢或祝愿。

（4）敬语。敬语多用"此聘""特聘""此致，敬礼""敬请大安，诸维爱照"等。

（5）落款。在正文右下方署聘请单位名称（全称）、发聘书日期并加盖公章。如果是私人聘请，则应署上聘请者的姓名并加盖私人用章。

（四）聘书的写作要求

聘书的写作要求包括五个方面：第一，在聘书写作前，聘请单位与被聘人员双方要充分讨论协商，在内容谈妥后再写聘书；第二，聘书要讲究礼貌，语气庄重恭敬，体现出礼贤下士的风度；第三，内容要清楚、明确，不能含糊。要写清为什么聘请、聘请谁、聘请时间、任务；第四，语言要简洁明了、准确无误，书写要整洁、大方、美观；第五，形式上聘书用纸要多用红色，还可稍加装饰，以显庄重、喜庆。

三、开幕词的写作

开幕词是党政机关、社会团体、企事业单位在重要会议开始举行时，由会议主持人或主要领导人、德高望重的某方面的权威人士向大会做的讲话文稿。开幕词是会议的序曲，为会议定下总的基调，体现了会议的中心内容。

（一）开幕词的特点

开幕词主要有三个特点。

（1）宣告性。开幕词首先要宣布会议开幕，它是会议正式开始的宣告。

（2）指导性。开幕词确定的会议的基调要求参加与会者遵守会议的内容、参会人员的发言不能偏离开幕词的基调，否则会议就会没有中心，杂乱无序，达不到预期的目的。

（3）提示性。开幕词一般要言简意赅地讲明会议的主题、议程，对参加会议人员有提示作用，以便其明了会议的目的、程序。

（二）开幕词的类型

根据内容，可以将开幕词分为侧重性开幕词和一般性开幕词两种。

（1）侧重性开幕词。侧重性开幕词往往对会议召开的历史背景、重大意义或会议的中心议题等作重点阐述，其他问题则非常简略。

（2）一般性开幕词。一般性开幕词只对会议的目的、议程、基本精神、来宾等作简要概述。

（三）开幕词的写作格式

开幕词一般由标题、称谓、正文三个部分内容构成。

1. 标　题

标题一般有两种写法：第一，会议全称加文稿"开幕词"；第二，把宣读人姓名写进标题中去，既可放在会议全称之前，也可放在会议全称之后。

2. 称　谓

第一句顶格写称呼，如"同志们""各位代表"等，称呼后面加冒号。

3. 正　文

正文是开幕词的主要部分，包括开头、主体、结尾三个层次。

（1）开头。在称谓后下一行空两格开始书写，一般只由会议的全称和宣布会议开幕构成。有时还要交代会议筹备工作或者说明参会人员的情况，或者介绍出席会议的领导和来宾姓名，并对他们表示欢迎。

（2）主体。主体部分是开幕词的中心所在，要求篇幅短小，但容量较大，涉及会议的有关问题。为了清楚起见，往往分层进行表述。第一，概括说明召开会议的历史背景，简要回顾过去；或者是概括当前形势，讲明召开会议的意义所在；第二，交代会议的中心议题，宣布大会的议程，也就是大会要完成的主要任务，提出会议的具体要求，使与会者心中有数，按照会议的进程行事；第三，阐明会议的指导思想，提出今后的奋斗目标，使与会者步调统一，讨论中有所遵循。上述三项，是一般的要求，可以根据会议的需要进行必要取舍，突出其中的一部分或两部分，也可调整顺序，按不同的结构层次书写。

（3）结尾。向会议发出号召，并对会议完成议程之后作出预示性的评价，然后常以"预祝大会圆满成功"做结束语。行文上要求集中概括，热情洋溢，富有号召性、鼓动性和预祝性。

（四）开幕词的写作要求

开幕词的写作要求包括四个方面：第一，篇幅要求简短，内容切忌重复、啰唆；第二，语言要求口语化，既富有感情色彩，又生动活泼；第三，语气要热情、友好；第四，结束语要简短、有力，并要有号召性和鼓动性。

四、闭幕词的写作

闭幕词是党政机关、社会团体、企事业单位在隆重会议即将结束时，由主要领导人或德高望重的权威人士向会议所做的最后讲话的文稿。闭幕词是会议的尾声，标志着整个会议闭幕结束。

（一）闭幕词的特点

（1）号召性。闭幕词一般要号召与会人员以及非与会的相关人员为完成会议提出的任务而努力奋斗。

（2）评估性。闭幕词对会议召开成功与否、会议的作用作出适当的评价。

（3）宣告性。闭幕词末段要宣布会议的结束，是会议正式结束的宣告。

（4）总结性。闭幕词一般要简要地概括会议的工作、成果，对会议通过的主要事项和主要精神做高度总结。

（二）闭幕词的写作格式

闭幕词一般由标题、称谓、正文三个部分内容构成。

（1）标题。写法与开幕词相同，只需把"开幕词"三字换成"闭幕词"即可。

（2）称谓。格式与开幕词相同。同次会议上开幕词和闭幕词的称呼基本一致。

（3）正文。这是闭幕词的中心所在，可分为三个层次。

第一层，开头。首先说明会议已经完成预定的任务，现在就要闭幕。然后简述会议议程进行的情况，对会议的收获、意义、成果作出恰如其分的评价。

第二层，主体。一要总结大会内容、通过的主要事项；二要向与会人员提出贯彻会议精神的要求，指出今后的任务及存在问题。

第三层，结尾。深化主题，发出号召，提出希望，表示祝贺。有时也用热情洋溢的话语，向为大会辛勤工作的后勤服务人员表示感谢。最后，宣布会议闭幕。结尾行文要有鼓动性和号召性，语气要坚定有力，篇幅要简短。

（三）闭幕词的写作要求

闭幕词的写作要求包括三个方面：第一，闭幕词出现在会议终了，因此，要写得与开幕词前后呼应、首尾衔接，显示大会开得很圆满、很成功；第二，要求篇幅简短，语言口语化，内容切忌拖沓、啰唆，语言简洁有力；第三，要热情洋溢，起到激发斗志、增强信念的作用。

第四节　介绍信、证明信、感谢信和贺信的写作

一、介绍信

对工作申请人的以往工作经历或教育经历等提供证明的信统称介绍信或证明信，它们多由申请人过去的雇主或学校教授来写。他们与求职者应有密切的交往、较多的了解和认识，这样才能对求职者的能力、经验、学识和人品等作出客观公正的评价。介绍信的内容须真实，多肯定求职者的成绩和人品方面的优点。如求职者确有明显的欠缺之处，本着对招聘单位负责的态度，也可适当提及，但语气应委婉。

（一）介绍信的类型

介绍信可分为通用信和专用信两种。通用信是应求职者的请求来写的，介绍人将信交给求职者，由他寄给他所应聘的单位。专用信又分两种情况：一是应求职者的要求针对某一个特定职位所写的；另一种是应招聘单位的请求来写的。

（二）介绍信的写作要求

介绍信虽然会因为被介绍人的不同而在内容上有所侧重，但大体上来说，模式还是有规律可循的。下面是一般介绍信的结构。

（1）称呼。如果介绍人知道收信人的姓名和性别，应该加上称呼。如果介绍信可以用于不同的单位，称呼则用"致有关人士"。

（2）内容。介绍信的第一段应该说明介绍人和被介绍人的关系，包括介绍人是如何认识被介绍人的，以及介绍人写这封介绍信的资格。

（3）结尾。介绍信的结尾部分应该写上介绍人愿意提供更多的详细信息。最后还要写上结尾敬语。在结尾敬语下面写上介绍人的姓名和职务。

介绍信的写作要求如下所述。

（1）开篇部分：语调积极而专业。提到你要介绍的人，说明你们的关系（例如上下级、同事关系）以及关系存在的时间；告知要申请的工作。

（2）正文部分：清楚而客观地说明你的评价。

（3）结尾部分：用商业化的语气，有重点地结束内容。

二、证明信的写作

证明信是以组织、机关、团体或个人的名义，证明有关人员的身份、经历或证明有关事件的真实情况，供接收单位作为处理和解决某人某事的根据的书信。

（一）证明信的特点

证明信的特点，概括来说主要包括以下两个方面。

（1）真实性。写证明信一定要根据实际情况来写，一定要保证证明信的真实可信，不可随便捏造，更不可因为人情关系随便为他人写证明信。

（2）凭证性。证明信是被证明人用以证明自己身份、经历或某事真实性的一种凭证，同时也是接收单位用以作为接待被证明人或处理某事的一种凭证。

（二）证明信的类型

证明信可以分为以下两种类型。

（1）以个人名义写的证明信。以个人名义写的证明信是以个人的名义所写的证明某人某事的信件,其完全由个人负责。

(2)以组织名义所写的证明信。以组织名义所写的证明信多数是证明曾在或正在本单位工作的有关人员的身世、经历或与本单位有牵连的事件;也可供有关人员外出活动时作证件来使用,以确保被证明者的工作、生活、旅行等的正常进行。这类证明信通常要注明其时效性,过期则不可用。

(三)证明信的写作要求

证明信通常由标题、正文、落款和附注四个部分构成。

(1)标题。直接写"证明信"或"有关××问题的证明"。

(2)正文。正文是证明信的主体部分,其中包括被证明人的姓名、身份、需要证明的事实情况等,可以根据证明信的具体内容来确定该信中具体包括哪些内容。如果证明信是一个人外出办事、活动时作为证件使用的,就应写清被证明人的工作单位、姓名、性别、年龄、职务、任务等情况。如果是证明某事真实情况,要绝对真实、可靠地叙述事情发展的过程。总之,无论是什么内容,都必须保证证明信中所提及的信息必须是真实可靠的。

(3)落款。写清楚开具证明信的单位的全称和开具证明的具体日期,并加盖单位的公章。不盖章的证明信是不具备效力的。

(4)附注。一般证明信应该注明该证明信在何段时间内有效。接收单位也应核实有效期,过了有效期的证明信也是不具备效力的。

证明信的写作要求主要有:第一,要言必有据、证据确凿,不能隐瞒真相、弄虚作假;第二,要言简意赅;第三,要将所证明的事件表达清楚。

三、感谢信的写作

感谢信是受到对方某种恩惠,组织或个人为了感谢对方曾给过的某种关怀、支援、祝贺、勉励等而表达感谢之情的信函。感谢信在公务活动及日常生活中使用较广泛。感谢信可以直接寄给对方或对方的单位,也可以送交报社刊登,送交电台、电视台播出,还可以亲自送往单位,张贴于公布栏。

(一)感谢信的特点

感谢信具有以下几个特点。

(1)真实性。感谢信是因事而写的,所以在写作过程中一定要对事件进行明确的阐述,将所要表达的感激之情表达清楚,信中的内容务必真实具体,要突出主体部分,要恰如其分地表达对对方的感激之情。

(2)规范性。感谢信的格式是书信的格式,所以要符合一般书信的要求。开头的称呼、文中的用词、结尾的敬语都要符合双方的身份和社会交往中的习惯。

（3）真诚性。感谢信在文字叙述上要以事表情、以事感人，将自己的真情实感表达出来，但也不要辞藻过于华丽惊人，这样做反而会显得虚假，从而达不到良好的效果。

（4）张扬性。感谢信往往与好人好事有直接的联系，因此，为了表达感激之情，个人或组织往往会将对方的事迹公之于众，因此感谢信既有感谢之意，又有公开或广泛的表扬作用。

（二）感谢信的写作要求

感谢信通常包括标题、称谓、正文、敬语和落款。

（1）标题。常见的有三种类型：①"文种名称"型；②"受文单位＋文种名称"型；③"发文单位＋受文单位＋文种名称"型。

（2）称谓。顶格书写感谢对象的名称，或单位名称，或个人姓名，个人姓名后加上"同志""先生"或职务等。称谓后加冒号。

（3）正文。正文要写感谢的内容，通常包括两方面：①简述事迹。应交代清楚人物、事件、时间、地点、原因和结果，并扼要地叙述在对方帮助下所产生的客观影响和社会效果。②颂扬品德。在表达感激之情时，要赞扬对方所表现出的品德、精神，以及今后如何利用实际行动向对方学习。

（4）敬语。敬语写一些表示感谢的话，一般写"此致，敬礼"等。需要注意的是，敬语前半截一般连接正文或另起一行空两格写；后半截另起一行顶格写，以表尊敬。

（5）落款。在正文右下方写上写感谢信的单位名称或个人姓名、时间。

感谢信的写作要求主要包括三个方面：第一，感谢的事项必须真实；第二，字里行间所流露出的感激之情应是由衷的、真挚的；第三，反对虚伪、应付、客套。

四、贺信的写作

贺信是向取得重大成绩、有突出成就或特定喜庆之事的单位或个人表达祝贺，或者对国际、国内发生的重大喜事表示慰问与赞扬，对一些重要会议、节日、庆典、开业、晋升、婚礼、寿辰等表示庆贺与祝愿的一种礼仪文书。用贺信的方式表示祝贺既省时间，又显得隆重而正式。

（一）贺信的特点

贺信具有三个特点：第一，内容单纯，直接写明祝贺何事即可；第二，比较简短，多明确、简洁，在表意清楚的前提下，尽可能节省文字，惜字如金；第三，用语有鲜明的感情色彩，使人感到温暖和愉快，受到鼓舞和教育。

（二）贺信的写作要求

贺信通常包括标题、称谓、正文、祝颂语和落款。

（1）标题。标题可以是以下几种形式：在第一行居中位置写上"贺信"；发文单位＋贺信；事由＋贺信；致＋祝贺对象＋贺信。

（2）称谓。顶格写接受贺信的单位或个人及称谓，后加冒号。祝贺个人，要写清姓名、职务及尊称，在姓名后加上相应的礼仪名称如"同志"；祝贺团体，写团体组织的名称也可用泛称，如"同志们""女士们""先生们"等称呼。

（3）正文。贺信的正文应包括四个方面的内容：第一，用一两句话来交代背景，叙述缘由，借以引起下文；第二，向受文对象表示热烈祝贺；第三，简述对方取得的成绩和意义；第四，提出希望或表示决心。

（4）祝颂语。祝颂语，即向对方表示祝贺之类的用语。如"此致，敬礼""祝今后争取更大的胜利""预祝大会获得圆满成功""恭贺贵公司贸易兴隆""祝您健康长寿"等。

（5）落款。落款要写明贺信的单位或个人的名称和时间。这部分在正文的右下角分两行写出。单位名称要写全称，如需表慎重，还可加盖单位的印章。若标题中已经出现单位名称，这部分就不用再写了。

贺信的写作要求有五个方面：第一，内容要真实，实事求是；第二，评价要恰如其分；第三，行文简练；第四，用语得当，典雅得体；第五，言辞中感情要真诚、饱满、充沛，能够给人以鼓舞、力量。

第六章 职场文书理论分析及其写作实践研究

社会的发展对于求职者和在职者都有着不同的求职要求及职业标准,特别是在当今就业和从业的职场竞争都很激烈的情况下,了解和学习职场文书的写作就显得十分必要了。

第一节 职场文书简述

一、职场文书的概念

职场文书是指谋求职位时所需的必要书面材料,以及个人在职业中继续求得职业发展的必要文书。

二、职场文书的作用

职场文书写作是个人才华和形象的书面表达,是职业生涯中的必备技能。职场文书对于个人求职或职场的升迁有一定的评判价值。职场文书还能够对求职或职场中的个人能力起到重要的评价作用。

三、职场文书的特点

(一)目的性

写职场文书是为了求职或者为了职务的升迁,目的性很强。需要指出的是,职场文书在写作的过程中要观点鲜明、语言凝练,表达要准确。

(二)针对性

职场文书在写作时具有很强的针对性,尤其是求职类的职场文书,其在写作时一定要根据招聘单位的情况来对自己进行相应的介绍,而且一定要实事求是,正确定位自己,绝对不能为了迎合招聘单位的需求而将自己夸得天花乱坠。

(三)自我推荐性

职场文书尤其是求职类的职场文书,是个人针对招聘单位的情况向用人单位推荐自己,所以具有极强的自我推荐性特点。这种职场文书在写作时,需要将自己最有能力、最突出的地方写出来,使用人单位能够接纳自己。

第二节 简历、求职信、辞职信的写作

一、简历的写作

简历是有针对性地将个人学历、经历、特长、爱好及其他有关情况经过分析整理后,清晰简要地表述出来的书面资料。对于求职者来说,简历是必不可少的一种应用文书。

(一)简历的特点

简历的特点主要包括以下三个方面。

(1)规范性。简历制作规范、简约,要求表述准确、精练,体现求职者的文字功底以及个性修养。

(2)针对性。对于不同的行业、职位,求职者应当事先进行分析,有针对性地设计和准备简历。通常,每位求职者应当备有几份不同的简历,在应聘时,针对应聘的单位和职位选择最合适的一份简历。

(3)客观性。简历是客观的自我说明,其语言应站在第三者的立场上,用说明性的语言向用人单位进行介绍,行文以简明的短句为主。

(二)简历的写作要求

简历包括标题、正文和附件三个部分。

(1)标题。居中写明"个人简历""求职简历"等。

(2)正文。简历的正文应包括三方面的内容:第一,个人的自然信息,包括姓名(含曾用名)、性别、出生年月日、民族、籍贯、家庭出身、政治面貌、参加工作时间、现工作单位、职务等;第二,求职者接受教育情况,如,何时何校获何学位或者学历,把最高的学历或者学位放在最前面,然后依次往前推导;第三,求职者的工作资历经验,应与此申请职位相关的内容,可采取由近及远的顺序安排,也可采取将与所申请职位最相关的内容置前顺序安排。

需要注意的是,以上三项内容在简历中是必须要有的。其他的内容,如求职意向、具体的技能等可以根据情况写入简历。

（3）附件。附件部分是简历内容的延伸。主要包括需要说明的相关证明、证书、论文、著作等。

简历的写作要求有六个方面：第一，简历上的内容必须用事实说话，不可胡编乱造；第二，简历要突出重点，不要写对申请职位无用的东西，不可冗杂啰唆；第三，如有必要可分别针对不同职位的求职简历写作；第四，不要有明显字词句错误；第五，要通过突出自己的优势来推销自己；第六，避免使用第一人称，要采用简洁无主句式表达，尽量使用动词，少用形容词等修饰性语言，不可刻意雕饰。

二、求职信的写作

求职信又称求职申请、求聘信、应聘信、自荐信等，是写作者向用人单位介绍自己的情况以谋求某一职业的一种专用书信。

（一）求职信的特点

求职信具有以下几个特点。

（1）针对性。写求职信的宗旨和目的就是为了找到一份理想的工作，因此要具有针对性，主要表现在两个方面：第一，针对招聘职位的实际要求和用人单位的心理；第二，针对求职者自身的实际情况。

（2）简要性。求职者在利用求职信介绍和举荐自己时，要力求简明扼要，简洁生动，篇幅不宜太长。

（3）独特性。要在众多的求职者中脱颖而出，必须显示出自己的独特性。可以从求职信的内容和形式两个方面入手。在内容上充分展示自己的特长，在形式上讲究新颖和独特。

（4）得体性。写求职信一定要注意在充分展示自我的同时，要做到自信而不自傲，谦逊而不逢迎，语言一定要得体。

（二）求职信的写作要求

求职信一般由标题、称谓、正文、结束语、落款、附件六个部分组成。

（1）标题。求职信的标题通常只有文种名称，即在首行正中写上"求职信""自荐信"等。

（2）称谓。在标题下一行顶格书写求职单位的名称，要用全称或规范化的简称。如果写给单位领导，则应用尊称或敬称。称谓后用冒号。

（3）正文。正文是求职信的核心部分。另起一行空两格写，包括以下内容：第一，表达自己对所申请职位的兴趣，也可提供招聘信息的获知渠道；第二，陈述自己胜任所申请职位的理由，即与所申请职位有关的经验、技能等内容，这是求职信正文的主体部分；第三，表达期待招聘者给予面试的机会。

（4）结束语。另起一行空两格写"此致""祝"等，然后换行顶格写"敬礼""工作顺利"等字样。

（5）落款。在结语下面偏右处写上求职者的姓名和成文日期。

（6）附件。附件一般包括个人简历、学历证书复印件、获奖证书复印件等。此外，还要注明求职者的通信地址、邮编、电话号码等信息，以便用人单位及时联系。

求职信的写作要求主要包括五个方面。

第一，求职信的写作必须从实际出发，实事求是，对求职人的情况叙述要客观真实。

第二，求职信的文字要简洁，篇幅不宜太长，打印要清楚、美观。

第三，求职信在写作过程中要重点展示自己的专长和技能，以便用人单位决定是否录用。

第四，求职信行文的语气要不卑不亢，切忌语言生硬、用命令的语气表达。

第五，要考虑用人单位的需要和阅读者的知识背景和身份特征，正确处理口语与专业性术语之间的关系，进行换位思考。在动笔之前最好对单位有所了解，以免说外行话。

三、辞职信的写作

辞职信，也叫辞呈，是个人或集体要辞去在单位所担任的职务或所承担的工作时所写作的一种应用文。

（一）辞职信的特点

辞职信的特点有以下几个。

（1）简明性。辞职者同供职单位已有合作，彼此许多情况都相互了解，辞职信里的内容基本上是点到为止，非常简约。

（2）理智性。不管是出于什么原因辞职，都要有端正的态度和良好的心态，辞职信的语言要礼貌、得体。

（3）严肃性。辞职是一件很严肃的事情，辞职者辞职前要认真且全面考虑辞职利弊、辞职时机和条件，不能说辞就辞，更不能不辞而别。

（4）诚恳性。有关辞职的原因要如实说明，即便有时不便直白，但也要让对方明白辞职的真实原因，不能虚伪、敷衍，同时，对于以往合作，要光明磊落、真诚实在。

（二）辞职信的写作要求

辞职信在结构上应该包括标题、称谓、正文、结语和落款五部分。

（1）标题。一般有两种形式：直接用文种作标题，如"辞职信""辞职书"等，第一行居中写；写明内容的，如"辞去×××工作的申请"。

（2）称谓。在标题下空一行顶格写任职单位负责人姓名，一般用"尊敬的公司领导"的形式。

（3）正文。正文一般包括以下几方面的内容。

① 辞职意愿，一般为"我请求辞去××职务"。

② 辞职原因，一般写得很简约，但要真实，对不便明说的原因可以隐约点出。

③ 辞职条件及辞职日期说明，即自己合同履行、工作完成或善后打算、何时离职等情况。

（4）结语。一般是在正文后写表示歉意的语句。

（5）落款。正文右下方写明辞职人的姓名，署名下写具体的年月日。

辞职信的写作要求包括两个方面：第一，一定要充分考虑辞职的理由是否充分、可信。因为只有理由充分、可信，才能得到批准。但陈述理由的文字应扼要，没有必要展开。第二，措辞要委婉、恳切，以表明辞职的诚意。

第三节　述职报告的写作

一、述职报告的概念

述职报告是担任一定领导职务的干部和专业技术人员，向上级、主管部门和下属群众陈述任职情况的书面报告。述职报告回答的是述职者是否称职的问题。

二、述职报告的种类

根据不同的标准，可以将述职报告分为不同的类型。

根据目的，可以将述职报告分为晋职述职报告和例行述职报告。晋职述职报告是有关领导者和专业技术人员为晋升高一级职务和职称时，向主管部门和领导报告履行岗位工作的情况。例行述职报告是担任一定岗位职务的人员，定期向有关组织和群众汇报工作情况，接受考核和监督。

根据时限，可以将述职报告分为临时性述职报告、任期述职报告和年度述职报告。临时性述职报告是报告担任某项临时职务的工作情况。任期述职报告是报告任现职以来的工作总体情况。年度述职报告是报告本年度的履行职务的情况。

根据表达形式，通常来说，任职时间较短且在较小的基层单位工作的可以用口头述职。

三、述职报告的写作格式

述职报告一般由标题、称谓、正文、署名和日期五个部分组成。

（1）标题。述职报告的标题常用的有四种：年度＋文种；只写文种；任职期限＋担任职务＋文种；概括全文主旨。

（2）称谓。称谓是报告者对听取述职报告的对象的称呼。在正文上方顶格书写对主送单位和听取报告的人员的称呼；如果是在一定的场合述职，则应用"各位领导""各位专家"等称呼。

（3）正文。正文一般包括开头、主体和结尾。开头又叫引言，用平直、精练的文字概述述职者的身份、岗位职责、工作目标、总体评价等。主体部分应详细、明确、具体地介绍自己在任职期间的岗位职责的履行情况及工作目标的实现情况、主要政绩、决策能力发挥的作用和效果，做了哪些开拓性的工作，基本的经验体会以及存在的主要问题、教训，今后工作的设想、建议等。结尾处要表明自己的意愿和态度，请求审议、批评和帮助。

（4）署名与日期。在正文右下方署上述职人姓名，另起一行写明述职日期。

四、述职报告的写作要求

第一，述职报告是自述性的文体，是本人对自己水平能力的综合评价，内容必须真实，否则会影响述职人的公众形象。

第二，在写述职报告时，要突出重点，突出岗位职责所要求的能力和业绩，不应面面俱到。

第三，要处理好集体与个人的关系，客观地对待自己，报告一定要正确、客观，绝不能文过饰非，甚至贪他人之功为己有，忽视集体的作用。

第四节　申论的写作

一、申论的概念

申论是一个伴随着公务员录用考试出现于公众视野的词语。申论，取自孔子的"申而论之"，即申述、申辩、论述、论证之意。《现代汉语规范词典》对申论考试的释义为：国家公务员考试科目之一，要求应试者在对所提供的材料进行分析、判断、概括和说明的基础上，发表自己的见解，提出对策，进行论证。主要用来测试应试者的阅读能力和综合分析能力。国家公务员申论考试"主要侧重考查应试者对给定资料的阅读理解能力、分析归纳能力、提出和解决问题能力以及文字表达能力"。考试形式既严格又灵活，要求考生摒弃套话、闲话，要求分析、论证和解决问题透彻、全面、清晰，同时又保证考生能充分发挥自己的潜力，施展自己的真才实学。

二、申论的特点

与一般的议论文体相比，申论具有显著特点，主要包括以下几个方面。

（一）结构分散性

申论的结构分散性主要体现在两个方面：第一，材料的事件由单一事件向多个事件、多条线索组成发展，这就加大了阅读材料和提取本质内容的难度；第二，在材料表现方式上，由单一的表现方式向多元表现方式转化，例如数据、图表、新闻报道、法律条文等方式。

（二）信息量增大性

目前，申论考试给定材料的字数总体呈增长趋势，给考生带来的信息量逐渐增加，这主要表现在两个方面：第一，内容增多，社会热点、难点、焦点问题频频出现，且汇集了各个社会主体的不同态度和观点；第二，知识更丰富，材料中夹杂着不同学科的常识性、基础性、专业性知识，这无疑给考生整理材料、归纳问题、提取要点增加了难度。

（三）聚焦社会中的热点和难点

选择当前社会的热点、难点和焦点问题作为申论的阅读材料，已成为申论考试命题的一个基本规律。因此，考生应该注重关注国家和社会动态形势，关注与人民群众生活密切相关的社会问题，并且要注意从不同的角度来观察和分析这些问题，并对一些问题提出一定的解决方案。

三、申论的写作格式

申论包括标题和正文两个部分。

（一）标　题

在申论考试中，考生是需要自拟标题进行论述的。标题的拟定方法有很多，概括来说主要有以下几种。

1. 学术论文式

一般用"论""说""谈""试论""浅析"等词语连接文章的论点句或论题的概括句。

2. 直陈论点式

直陈论点式也叫论题式标题，直接用论点句或论题的概括句作标题。

3. 正副标题式

第一行为正题，一般用论点句或论题的概括句，或有能够揭示文章主题的词或词组构成。第二行为副题，揭示本文的论题。

（二）正　文

申论的正文主要采用以下三种结构进行论述。

1. 总分式结构

就是总说与分说相结合，可以"总说—分说"，也可以"分说—总说"，还可以"总说—分说—总说"。

2. 递进式结构

递进式结构是按照事理的层递关系（原因—过程—结果，主要—次要—附属，表面—深层—本质）层层摆放材料，在逻辑上呈现纵向的深入关系。

3. 对比式结构

对比式结构就是充分利用作者手中的材料内容之间存在的鲜明对比性，使上下层次间构成横向对比关系，如先进—落后、科学—迷信、成功—失败等。

四、申论的解题环节

申论考试的全部过程可以分为阅读资料、概括主题、提出对策、进行论证四个主要的环节。

（一）阅读资料

阅读理解给定资料是申论考试最基础的环节。这个环节虽然不能用文字直接在答卷上反映出来，却是完成其他三个环节的前提条件，而且在时序上排在首要位置，不容滞后。阅读资料的基本原则如下：第一，把握申论主题；第二，明确作答目的；第三，做到全面细致；第四，做到准确深刻。

（二）概括主题

概括主题是一个重要的承上启下的环节，一方面它是对前面阅读资料环节的一个小结，另一方面又使提出的对策或可行性方案以及论证过程更具有针对性，是据以立论和展开的基础。若是主题概括不准确或是不够全面，下面的程序也就很难进行了。

（三）提出对策

提出对策是申论考试的关键环节，重点考查考生的思维开阔程度、探索创新意识、应变和解决问题的能力。需要注意的是，在这一环节中必须结合给定资料所涉及的范围和条件，才可能提出切实可行的对策和方案。

1. 对策写作的基本要求

对策写作的基本要求包括几个方面：第一，对策要具有针对性；第二，对策要具有条理性；第三，对策要具有可操作性。

2. 对策写作的基本方法

对策写作有如下几种方法：第一，整合材料中的对策信息；第二，由问题本身反推对策；第三，理论联系实际提出对策。前两种是申论特有的"解决问题"的方法，后一种则是解决一切问题普遍适用的最根本的方法。

（四）进行论证

进行论证是申论考试的最后一个环节，在一定意义上，它才算是申论的真正开始。它要求应试者充分利用给定的资料，切中主要问题，全面阐明、论证自己对给定资料所反映的主要问题的基本看法以及解决问题的方案。概括来说，论证部分的写作有以下几点要求。

1. 立意高远新颖

立意高远新颖是指对中心论点进行论证时，要联系社会现实，并从公务员的角度概括、分析和解决问题，旗帜要鲜明，立场要坚定，观点要正确，理论要充分，论据要新颖，要能够很好地体现当今的时代精神。

2. 角度选取独特

申论材料中所涉及的中心论题往往就是一个颇具争议性的话题，同一个问题背后出现多种不同的声音是一种非常正常的现象。因此，考生可以根据现实材料和自身的知识储备，选取一个既契合题意又擅长发挥的角度展开论述，要精辟独到，见解深刻。

3. 论证紧扣主题

申论的写作虽可自拟题目，但写作的范围必须是限定于所给材料涉及范围之内的。因此，考生必须在准确把握申论材料的基础上紧扣主题，恰当立意，运用合理的论述手法进行深刻全面的阐述。

4. 结构完整合理

结构完整合理是对文章结构提出的最基本要求，申论作文的结构可以采取总分式、递进式、对比式等方式，其中总分式结构是最传统也是最保险的文章结构方法。

五、申论的写作要求

申论的写作要求包括以下几个方面。

第一，在申论考试中，考生在总结论述时首先要明确自己的"身份"，以便站在特定的岗位上展开论述。"身份"不同，论证的角度和对策也就有变化。因此，考生要掌握好分寸，避免偏离题意。

第二，要采用恰当的文体。在申论考试中，其文章体裁的要求分为两种情况：第一种情况是模糊体裁要求，不作明确具体的说明，笼统地要求写成"文章""提出解决方案、对策建议"等，这类题材要求可按照普通议论文的写作要求来处理；第二种情况是明确体裁要求，要求写成具体的文章种类，如"演讲稿""公开信"等，这类文体均属于应用文的范围。因此，考生要审清题意，根据具体情况采用恰当的文体。

第三，考生在写作中要注意正确使用标点符号；文字力求工整美观，避免出现错字、别字以及乱写乱画的现象。

第七章 经济文书理论分析及其写作实践研究

作为应用文的重要组成部分,经济文书以经济生活活动为主要反映对象,以精准的语言为主要表达手段,对于规范经济生产实践有极大的推动作用。本章即对经济文书写作的相关内容进行简要阐述。

第一节 经济文书简述

一、经济文书的含义

经济文书是经济管理部门、企事业单位,为处理经济事务、传播经济信息、协调经济关系而撰写的有明确应用目的和较为固定格式的一类文书的总称。它以经济生产活动为主要反映对象,以简洁、凝练、精准的语言为主要表达手段,对于规范经济生产实践有很好的推动作用。

二、经济文书的特点

通过对大量经济文书的比对可以发现,经济文书具有以下几个特点。

(一)真实性

经济文书根植于实际问题,立足于客观经济现状,着眼于反映经济活动规律,这种基于现实基础的经济文书要求具有真实性的特点。其真实性主要表现在三个方面:第一,经济文书中所反映的时间、地点、人物、事件、背景、过程、细节等都要真实;第二,经济文书中引用的资料、统计的数据要真实;第三,经济文书反映的内在关系应该真实,即经济活动规律的解读,应该尽量做到有根有据,有理有证,以小见大,全面把握经济活动本质。

(二)效益性

与其他活动相比,经济活动的一个重要特点就是讲究经济效益,因此,为了更好地服务经济活动,经济文书必须从不同的角度,以不同的内容、形式等与经济效益挂钩,提高经济效益是所有经济管理活动的根本目标,也是经济文书写作的终极目的,因此必须注重经济文书的效益性。

（三）法制性

市场经济又可以说是法制经济,有关的经济法规和经济政策就是经济运行的基本规则,这些也是经济文书写作的基本指南。

（四）时效性

经济文书的时效性并不是说一定要图快,一旦因为注重速度而忽略了经济信息的正确性也是徒劳无功的,因此经济文书的写作要求经济资料、基础数据的及时性与正确性兼顾,才能为经济活动的发展创造有效的指导方案。

（五）实用性

是否具有实用性是衡量经济文书的一个重要标准。实用性主要体现在三个方面：第一,经济文书要能够提出解决问题的措施和办法,使管理活动能够沿着正确的轨道正常运行,促进现代化的经济管理；第二,经济文书要能够探索和发现经济活动的发展规律,为制定经济方针、政策作出决策,提供科学依据；第三,经济文书要有助于及时梳理适合我国国情与市场经济发展的经济形式,反映其发展与优化的具体过程,从而为经济发展指明正确的道路。

（六）专业性

经济文书的专业性主要体现在以下两个方面。

1. 内容的专业性

经济应用文是经济部门的专用文体,是各种经济活动过程中所运用的应用文,它以工商、贸易、金融、财税、会计、审计、经济信息与咨询等经济领域内的各种实践和理论为主要内容。

2. 术语的专业性

经济应用文常常运用成本、预算、核算、决算、信贷、银根、汇率、利率、课税、增值税、贴现等财经专业术语。这些专业术语都有特定的含义,运用专业术语可以使经济文书的表达简洁、准确、专业。

（七）严谨性

经济文书主要涉及经济活动的方方面面,具有很强的专业性,因此,经济文书的格式与语言就应该尽量做到严谨、规范。只有做到严谨、规范，才能实现经济文书的准确性和有效性。

（八）传递性

在经济文书的制作过程中，需要对众多经济信息进行搜集、整理、分析、归纳，这些活动无疑都会带有大量的经济方面的信息，在经济信息的传递过程中，能够为经济活动的开展打下坚实的信息基础，进一步提高经济活动的科学性、准确性。

三、经济文书的作用

经济文书主要有以下几个作用。

（一）凭证作用

各种合同、协议等，一旦签署生效后，就对当事人的相关经济行为产生约束力。作为严肃的凭证，经济文书不仅是展开工作的依据，也是日后核查的凭据。

（二）纽带作用

经济文书是企业与企业、企业内部的部门与部门之间互相联系、协同运作和相互竞争的纽带。作为信息和情况的载体之一，它在经济活动中无疑具有举足轻重的作用。

（三）指导作用

经济文书可以对经济领域里的某些问题进行调查、分析和研究，总结规律，发现症结，寻找对策，从而指导经济工作，为经济运营和市场决策提供依据。

第二节　市场调查报告和市场预测报告的写作

一、市场调查报告的写作

市场调查报告是调查报告的一个分支，是运用科学的方法，有目的、有计划地对购买商品、消费商品的个人或团体进行调查，系统搜集有关商品生产、供应、需求等情报资料，并对其进行分析研究，从而得出合乎客观事物发展规律的结论后形成的书面报告。市场调查报告必须快速地反映市场变化，及时为企业决策提供参考意见。

（一）市场调查报告的特点

市场调查报告的特点主要包括以下几个方面。

(1)客观性。市场调查报告要在深入调查的基础上,以真实的数据和资料如实反映市场状况。报告中的推断和预测也要尽量客观,只有这样的报告才是有价值的。

(2)时效性。市场状况变化莫测,只有迅速及时地反馈信息,才能让经营决策者及时掌握情况,不失时机地调整生产和经营,求得最大经济效益。市场调查报告要在竞争激烈的市场经营中发挥应有的作用,就要讲究时效性。丧失了时效性,市场调查报告便失去了意义。

(3)针对性。市场调查报告的针对性非常强,它通常是针对市场经营中的某一方面的问题,抓住产、供、销中的某一环节有针对性地展开调查,写成调查报告。

(二)市场调查报告的分类

根据内容,可以将市场调查报告分为以下几种类型。

(1)市场需求调查报告。这类市场调查报告主要调查市场对本企业产品的需求量和影响需求量的因素。在调查时,需要紧紧抓住三个要素:购买力、购买动机、潜在需求。

(2)竞争对手调查报告。竞争对手调查报告主要调查竞争对手的总体情况、竞争能力及其新产品的发展动向等。

(3)经营策略调查报告。经营策略调查报告主要调查本企业的产品、价格、广告和推销策略、销售和技术服务策略等的效应,通过调查了解企业的销售能力及是否适应消费者的需求,及时发现问题并改进。

(三)市场调查报告的写作要求

市场调查报告通常由标题、前言、正文和结尾四个部分组成。

(1)标题。市场调查报告的标题主要有三种格式:第一,直接在标题中写明调查对象、调查内容和调查范围;第二,直接揭示调查结论;第三,正副双行标题。

(2)前言。前言部分用简明扼要的文字写出市场调查的范围、时间、地点和调查方法,概括全文主旨。也可以简要介绍报告的主要内容和观点,以便读者获得初步印象。

(3)正文。正文是市场调查报告的重要组成部分,一般应包括三个方面的内容:第一,介绍调查所得的信息资料,按问题的性质加以归纳、整理;第二,对资料加以分析研究,得出结论性意见;第三,提出具体的、有针对性的建议和措施。

(4)结尾。这是全文的收束和归结部分。结尾与前言互相照应,或总结全文,或重申观点以加深认识。

市场调查报告的写作要求包括四个方面:第一,要以大量的情报资料为基础进行写作;第二,分析研究要充分有力;第三,要善于分清主要矛盾和次要矛盾,有针对性地抓住重点;第四,语言力求准确、简练。

二、市场预测报告的写作

市场预测报告是人们在对市场进行调查分析的基础上,运用各种信息和资料,利用科学的方法和手段,对市场发展趋势作出分析、预见和判断而形成的一类书面报告,是一种特殊形式的调查报告。

(一)市场预测报告的特点

市场预测报告的特点主要包括以下几个方面。

(1)客观性。市场预测报告是以大量客观事实为依据,又是依照客观的经济规律来进行运作的,所以它不是纯粹主观的产物,具有客观性的特点。

(2)针对性。市场经济错综复杂,每一次市场调查和预测,只能针对某一具体经济活动或某一特定产品的发展前景,即市场预测报告具有很强的针对性。

(3)时效性。市场预测报告的目的是为了抢占未来市场,在未来市场竞争中占有主动权。因此,对市场的预测和市场预测报告的写作都应迅速及时,否则就会失去其存在的价值。

(4)综合性。市场经济体制下的市场是一个有机的、立体的经济集合体,其中的各经济因素之间相互关联、相互制约,要进行科学、合理的市场预测,就要对影响市场的各种因素进行全面系统分析,做到整体把握、综合概括。

(二)市场预测报告的分类

根据产品的类型,可分为单项产品市场预测报告、同类产品市场预测报告和综合市场预测报告等。

根据空间层次,可分为国际性市场预测报告、全国性市场预测报告和地区性市场预测报告。

根据预测的时间范围,可分为长期市场预测报告、中期市场预测报告和短期市场预测报告。

根据时间跨度的不同,可分为近期预测报告、短期预测报告、中期预测报告和长期预测报告;预测时间长短的划分,可以根据对象和要求的不同而确定。

根据内容范围的不同,可分为宏观预测报告与微观预测报告。

根据预测的方法，可分为定性预测报告和定量预测报告。

根据预测的地理范围，可分为宏观市场预测报告和微观市场预测报告。

（三）市场预测报告的写作要求

市场预测报告通常由标题、前言、正文和结尾组成。

（1）标题。市场预测报告的标题通常由预测范围、预测对象、预测时间、文种等要素构成。有的标题省略了预测时间或范围，还有的标题只标明预测对象等。

（2）前言。在前言中要交代市场预测报告的写作动因和有关情况，如时间、地点、对象、方法、目的、结果等，也可提出预测结果，以吸引读者注意。

（3）正文。市场预测报告的正文由基本情况、预测分析、建议三个部分组成。基本情况部分主要运用资料和数据，对相关市场的历史和现状作简要的回顾和说明。预测分析，通过对资料的准确分析和科学推断，指明经济活动发展的规律和趋势，这是市场预测报告的重点所在。要根据预测分析的结果，为决策者提出实际的、有价值的建议。

（4）结尾。结尾部分一般不再写结论，只作自然收束，也可以不写这个部分。

建立在预测本质基础上的市场预测报告是对未来市场走势的预测，所以要抓住市场预测报告准确的预见性，在写作中就必须注意以下几个方面。

第一，要写好市场预测报告，必须选择好对象，明确预测目标。这样才能围绕对象和目标搜集材料，进行分析预测，这是开展市场预测写作的基础环节。

第二，多方面地搜集资料并进行科学的比较与分析，只有这样，才能保证预测结论的准确性。

第三，结构上应该遵循严密的逻辑关系，一般要用"提出问题、分析预测问题、解决问题"的结构形式，做到层次分明，主题集中。

第四，在表达时要求对报告中涉及的事实做客观的说明，语言准确、简洁，有些复杂数据还可以适当使用图表，使表达更简明、更直观，方便读者参考。

第三节 商业广告、软文和产品说明书的写作

一、商业广告的写作

（一）广告的概念

目前，国内外学者对"广告"一词的解释各不相同，要为"广告"下一个确切的定义是很难的。

美国广告协会将广告定义为：广告是付费的大众传播，最终目的是为传递

情报，改变人们对于广告商品的态度，诱发其行动而使广告主得到利益。

《简明不列颠百科全书》对广告的定义是：广告是传递信息的一种方式，目的在于推销商品、劳务，影响舆论，博得政治支持，推进一种事业……

广告的种类很多，但从整体上可以归为两大类，即商业广告和非商业广告。商业广告通常是由企业、公司等经济组织推出的以促销为目的的一种广告，而非商业广告则是由政府部门、宗教团体、慈善机构、个人等非营利组织推行的公告、启事、求偶、寻人等广告。

按照地理分类，广告有国际广告、全国性广告、区域性广告和地方性广告；而按客户分类，则有消费者广告和企业广告；以媒体分类的广告有印刷广告（包括报纸杂志等）、电子广告（包括广播、电视、网络等）、户外广告和邮寄广告等。

不管是商业广告还是非商业广告都含有以下五个要素。

（1）非个人。广告的对象不是单一的某个人，而是特定的人群或整个公众。

（2）有特定的广告主。任何一个广告都是由一定的人或组织为一定的目的而推出的。

（3）费用。除有些公益广告为免费广告之外，广告的费用一般都是由广告主支付的。

（4）传达一定的信息。广告的信息可以是有关商品的，也可以是有关某种经济、政治、慈善、宗教或社会观念的。

（5）通过一定媒介进行传播。大多数广告是通过报纸、杂志、电视、广播、招贴等媒介传递信息的，也有一些广告采用传单散发、邮寄、橱窗布置、商品陈列等形式。

一般来说，一则广告通常由文字和非文字两个部分组成。文字部分主要包括广告的标题、正文、口号和附文；而非文字部分主要包括插图、色彩、外缘和版面设计等。

广告的标题是广告的核心部分，一般要选用较大的字体，并放置于广告的醒目位置，以引起消费者的注意。标题通常又包含引题、正题、副题三个部分。引题位于正题前面，是广告正题的引言，起到引起话题的作用，一般不含重要信息。正题是标题的主体部分，也是广告的重心，它集中了广告文案的最重要的信息。广告正题一般用比引题和副题大的字体来加以突出。副题通常是进一步说明或者是对正题提出问题的解答，具有进一步丰富正题的作用。

一则好的广告标题需要具备四个特征：①位于广告的醒目位置；②迅速引起无目的阅读和收看的受众的注意；③诱使目标受众进一步关注正文；④直接诱发产生购买行为。

广告正文就是广告文案中处于主体地位的语言文字部分。正文也是广告最重要的组成部分。它的主要功能有：对广告的主题展开解释或说明，对广告标题中引出的广告信息进行较详细的介绍，对目标消费者展开细部诉求。广告的正文可以使读者了解各种他们希望获得的信息，使他们在正文的阅读中建立对产品的兴趣、信任，并产生购买欲望，促成购买行为的产生。可见，广告的正文具有明显的信息性和劝说性。

口号是广告中的主题语，即用十分精练的语句概括出一则广告的主题，起到加深印象和宣传鼓动的作用，同时也可以体现商品和企业的形象。

（二）商业广告的特点

商业广告是经济广告的一种，是商业部门为了传播商品信息、供应市场、满足人们需要所应用的一种宣传文书。商业广告的直接作用是促进商品的销售，同时也方便了消费，促进了生产。商业广告的特点包括以下几个方面。

（1）沟通性。广告的目的是建立一种客户与商品的双向沟通。只有当目标消费者接受了广告信息，即认为广告信息是真实和可信的，并同意广告所传递的观点时，广告信息才能发挥作用，从而实现广告沟通过程。

（2）艺术性。目前，广告市场中竞争越来越激烈，广告的制作和宣传要满足消费者需要，唤起消费者注意，并调动消费者兴趣，激发消费者欲望，就需要有创意，艺术地展现信息广告的诉求策略非常重要，广告创意甚至能够成为决定广告成败的关键要素。

（3）目的性。广告是一种有目的、有计划的信息传播手段，以说服消费者购买所宣传的商品或享用所宣传的服务获得盈利为最终目的。

（三）商业广告的功能

在现代市场经济发展历程中，广告具有强大的经济与社会功能，具体体现在经济、社会服务、宣传教育和艺术审美等方面。

1. 经济功能

广告的经济功能表现为促进商品生产和销售、扩大流通渠道、指导社会消费、刺激生产需求和降低成本等。

（1）广告具有引导和促进消费的作用。广告对于消费者的消费观念、心理和行为的趋向具有引导作用。广告能起到对消费者从信念改变、态度改变再到行为改变的作用。据调查，消费行为往往受其需求与兴趣影响。一般而言，广告是建立在一定的目标消费群体特征分析的基础上的。通过深入了解目标消费群体的社会细分及心理特征，排除差异性，找出共性，以此为广告的突破点，力求传播内容能打动最广泛的受众群。其信息传播为供需双方建立起快速沟通的桥梁，为供应方形象准确地传递企业产品信息，满足并刺激受众的消费需求。

例如，在国外某"厨房清洁剂"广告中，设计师将污渍幻化为鳄鱼、眼镜蛇和乌贼这三个令大众厌恶并产生心理恐惧的动物形象，形象地表现出厨房中难以清除的污渍给人们生活带来的巨大烦恼，同时强调了清洁剂这一产品的有效去污性。这种广告能够形象生动地通过视觉性的诱导，使消费者产生购买该产品的欲望。另外，广告能够达到促进与维持产品长久销售的功能。因为产品具有生命周期，即使产品在市场上已经占据了领导地位，仍需广告活动以维持产品在受众心中的印象，来不断提醒受众关注产品品牌，如Nike、可口可乐等诸多优势品牌每年仍投入大量广告经费不断进行宣传推广。

（2）广告能够塑造并强化品牌形象，使产品和服务逐渐被大众认知和接受。在现代商品社会中，要想在激烈市场竞争中获取较大的优势，营造良好的品牌形象就显得尤为重要。据调查研究表明，品牌在人们的日常消费行为中占据了重要的地位。现代社会中，广告是品牌形象塑造的最重要的助推器，正如广告大师大卫·奥格威所说："广告是神奇的魔术师。它有一种神奇的力量，经过它的点化，不只是能卖出产品，而且能化腐朽为神奇，使被宣传的普通产品蒙上神圣的光环。"

在广告的宣传与推广下，优质的产品或服务将在消费者心目中建立起良好的形象，帮助产品或服务赢得消费者的广泛认同。例如，国外某牙线广告，牙医被妖魔化，而牙线则成了斩妖除魔的英雄。幽默的表现手法巧妙地体现出产品优异的功能性，塑造出与众不同的品牌形象。

（3）广告有助于企业形象的建立和文化理念的推广。当代企业间的竞争主要演变为同类产品质量或企业形象的竞争，而广告能够通过信息传播，向社会公众宣传企业特有的经营理念和企业文化精神，因此利用广告提高企业的知名度和美誉度显得十分重要。企业广告能够使消费者更好地理解该企业的文化和精神内涵，形成文化高度上的共识，同时能够增加企业职工的自豪感，有利于企业内部凝聚力的提高。

2. 社会服务功能

广告的初衷是为社会大众提供服务的，其不仅可以满足生产商宣传商品的服务需求，而且还可以满足大众对商品进行深入了解的需求。大致而言，广告的社会服务功能主要体现在以下两个方面。

（1）促进社会生产与社会生活的快速融合。诞生于社会需求中的广告必须将其功能融入社会中,才能真正完成其传播的使命。广告蕴含着大众传播所具有的社会整合的功能,帮助产品信息最大可能地迅速融入社会生活中,发挥其功效与作用,使得产品能够实现其自身价值,企业能够获得相应的利润,从而使社会生产与生活的连接更快捷紧密。

(2)服务社会大众。为人们提供社会福利与服务的公益广告以及征婚、寻人、启事等广告能够帮助社会团体对公众进行宣传教育,帮助个人进行私人信息传播。社会服务功能主要体现为公益广告,它不以盈利为目的,而是以服务大众为主要目标,传播对象是广泛的社会公众。

3. 宣传教育功能

广告既是一种商业传播,也是一种文化、艺术的传播。它不仅能够帮助广告主在市场竞争中获得最大的经济效益,同时也服务于社会大众,帮助政府、企事业团体建立良好的社会文化氛围。

设计师往往在涉及思想、意识、道德等内容时作出具有明显倾向性的选择来影响受众。他们以形象生动的画面、言简意赅的语言文字等形式来影响受众,同时在潜移默化中教育受众,培养大众的高尚情操和美好言行。

在经济全球化的背景下、世界文化的交流与融合下,广告以其独特的宣传教育功能,担负着民族间相互了解的重任,成为各民族之间最为重要、最易接受的文化传播形式之一。广告的宣传教育功能主要表现在以下两个方面。

(1)广告能够引导大众的价值取向。广告大大影响了大众的价值观、世界观等众多方面,它所体现的观念与文化有利于社会精神文明建设和大众社会美德的培养。广告能够在潜移默化中起到道德教化的作用。一件广告作品,它总是在传达某种思想、观念,体现设计师的某种价值追求,它所蕴含的思想是多方面和多层次的,人们欣赏和接受广告的过程其实就是对其蕴含的思想和价值取向的解读过程。

(2)广告能够激发大众的道德情感。广告以直观生动的形象和富有深意的内涵,使观众产生直接的情感体验。广告中的道德规范、伦理精神与文化心理,都会影响大众的道德认知。广告的教化与引导作用总是在不知不觉中完成的。

一幅好的广告作品通常具有润物无声的特点,这也是广告独特的魅力所在。例如,当人们在长期接触广告后,会不断影响与固化其观念,并导致其购买方式和生活习惯发生改变。优秀的公益广告,常通过激发大众心灵的共鸣来提升大众道德意识、弘扬社会正气。

4. 艺术审美功能

广告总是与艺术联姻,充分发挥艺术审美功能,在激烈的市场竞争下,用艺术品位与美感形象来打动消费者。在信息爆炸的时代,争夺受众注意力成为广告的主要目标。广告要想取得最大化的宣传效果就必然要借助艺术表现,在一定程度上满足消费者的审美需求。广告信息通过优美的音乐与美丽的画面,以赏心悦目的方式传达出来,增加受众感官愉悦度与情感共鸣。富有艺术美感的广告不仅带来了消费者精神层次上对产品的认同,也大大丰富了大众的艺术生活。例如,在《美中之美》的海报设计中,设计师运用现代图像处理技术,在重叠影像的有序排列下,使黄山的美景呈现出一种别样的风情。其中虚化的"美"字,与背景巧妙地融合在一起,既点明了主题,又为美景平添了一种梦境般的影化效果。

(四)商业广告的写作要求

商业广告包括标题、正文、结尾、广告标语四个部分。

(1)标题。广告标题形式有单标题、复合标题两种。复合标题又分为正副标题式、引题正题式、引题正题副题组合式。

(2)正文。正文是广告文稿的核心文本和主体,是对广告标题的解释以及对广告产品的介绍。通常来说,正文主要包括三个方面的内容:第一,提供商品或企业的信息;第二,说明产品质量;第三,价格和服务事项说明。

(3)结尾。商业广告的结尾一般较短,内容包括生产销售部门或服务部门的单位名称、地址、电话号码、图文传真、网址、银行账号、售后服务期限、业务联系人等,主要目的在于方便消费者购买与经销部门联系。

(4)广告标语。广告标语也叫广告口号、广告语,是在广告宣传中反复使用、能鲜明体现企业或产品特征的简短的商业广告语。广告标语可独立出现于广告中任何一个位置,既可在广告文案的最前面,也可替代标题,还可置于正文中或附文后。

商业广告的写作要求主要包括以下几个方面。

(1)广告标题位于广告的最顶端,字体也是最大的。标题在书面广告中具有非常重要的作用。一般有两种形式的标题:①新闻标题型,是一种像新闻报道一样的标题形式。它通常会报道新型的商品或者是旧商品最新使用方法。大多数人都喜欢追求新事物,而这类标题就是从人最感兴趣的特点入手,增添了很多吸引力。②直截了当型,针对生活中人们很多未能得以满足的需求,直接抓住问题的所在,给出解决问题的方法。采用此方法应尽量使用疑问句或祈使句的形式。

(2)正文的写作方法没有固定的模式,可以根据商品的性质、广告的目的随心所欲地使用各种文句;体裁上可以用小说体、论述体等;语体上可以用口语体、书面语体等形式。正文的内容可以使用两种类型,即感情型和理智型。前者是激发人的感情和情绪的,而后者旨在刺激理性和理智方面的东西。

（3）在撰写广告的口号时，需要做到以下几点：口号的语气要显得明确肯定，积极向上；语句尽量短小明了，引起人们的注意并能方便大家记忆；要有较强的节奏感，以便消费者阅读；口号的语言要简洁，多用口语；广告的含义要富于竞争性，体现企业精神。

二、软文的写作

软文即软文广告，是由广告主按照版面或字数支付版面费用，主要以文字形式并模拟新闻报道体裁的表述方式，在媒体上发布的传播其产品、品牌、活动或企业形象的广告特征不明显的广告。

（一）软文的特点

软文具有主题集中性、新颖性、可读性和知识性等特征，同时这种广告虽然以新闻报道式的口吻发布，但并没有"某记者报道"的新闻标识，而是登载于明显独立的版面区域，或是以诸如"企业形象""品牌推广"等的栏目表示其广告性质，或者标有明确的"广告"等字样提示受众，是一种符合广告经营规定的广告发布形式。

（二）软文的分类

软文主要有以下几种类型。

（1）体验型。体验型软文一般是从用户或消费者的切身体验上去传播品牌或产品的优点，改变了传统直白的推销方式，以亲身体验或感同身受的角度，带入消费者的心目当中。

（2）整合型。整合型软文是把所有的媒体整合起来进行推广。首先，在网络、报纸上去推广一个行业的某个产品的概念，使消费者先认知这种产品；其次，在杂志、电视媒体上做广告，让用户或消费者认可某个品牌。

（3）新闻型。新闻型软文采取挖掘企业及其产品的新闻价值，为宣传找出新闻由头，以报道新闻事件的手法去写。这种软文是以第三方也就是媒体记者的立场写出来的，因而可以旗帜鲜明地宣传企业的实力、经营业绩。

（三）软文的写作要求

软文一般由标题、正文组成。

（1）标题。一篇软文要想能够抓住读者的眼球，就一定要引人注目，概括来说，标题常用的撰写方法有四种：①新闻式标题，以发布新闻的姿态传递某种信息。②疑问式标题，以设问或反问的方式，引起诉求对象的好奇心理，出人意料。③悬念式标题，设置某种悬念，引发诉求对象的好奇心理，引导读者寻求结局。④叙述式标题，以直白的表述方式传达核心内容。

（2）正文。要想让阅读者耐心地读下去，并最终接受软文传播的内容，其正文的撰写十分重要。从整体来讲，一篇好的软文从内容上要突出三个方面：第一，诉求重点，即软文的核心内容；第二，对诉求重点的深入分析；第三，让潜在消费者行动起来。

软文的写作要求主要包括：第一，软文中尽量不要含有活动预告、销售地址、电台收听指向等项目，防止消费者一看就知是广告而失去其原有的隐蔽性；第二，市场部咨询电话要打上"服务热线×××××××××"，可以灵活穿插在软性文章中间或末尾；第三，软文在写作的过程中既要有一定的知识性、科普性，还要体现一定的趣味性和新闻性。

三、产品说明书的写作

产品说明书，也叫"商品说明书"或"使用说明书"，它是对产品的性能、规格、用途、保存和使用方法进行说明的文书。产品说明书的主要功能在于介绍产品、指导消费，同时也在一定程度上具有扩大销售的作用。

（一）产品说明书的特点

产品说明书具有以下几个特点。

（1）客观性。产品说明书的内容，必须是真实可靠的知识，与实际性能、特点和用途相符。

（2）知识性。产品说明书能给用户或消费者以具体的知识，起到扩大其知识领域、使之对某种产品的性能和功用加深了解的作用。

（3）多样性。产品说明书作为商品的广告部分，关系到其形象的标准化、品牌化程度，应该力求形式多样，内容独特。

（4）条理性。产品说明书只有做到条理清晰才能方便使用者了解商品的使用技巧、工艺流程等基础信息。

（5）科学性。产品说明书在对产品的性能、构造、使用方法、注意事项的说明时，都要符合科学标准。

（6）直白性。产品说明书要用最为直白简明的语言传达出必要的信息。

（7）实用性。产品说明书广泛用于生产、销售以及用户的生活和工作当中，具有实际指导作用。

（二）产品说明书的分类

（1）专用纸张说明书。专用纸张说明书是以较长的篇幅写在专用纸张上，置于包装盒内的说明书。

（2）包装物上的说明书。包装物上的说明书是指把简短的产品说明印在包装物上，这种形式往往用于日常生活用品和医药用品，既可方便消费者，又可美化包装。

（3）图表式说明书。有些商品成分比较复杂，就用图表来标示。图表说明和文字说明往往是结合起来使用的。

（4）装订成册的商品使用说明书。这类说明书往往用于零部件多、结构复杂、使用技能要求较高的高科技产品和大型电子、机械设备，除了文字说明外，还要用许多图表如总体图表、分解图表等进行辅助说明。

（三）产品说明书的写作要求

产品说明书的写作一般分标题和正文两个部分。

（1）标题。产品说明书的标题有完整式和省略式两种。完整式由产品名称＋文种构成。省略式只写产品名称，或只写文种。

（2）正文。正文是产品说明书的核心部分，是对产品本身的说明，包括开头、中间和结尾三个部分。

开头简明扼要地介绍产品的基本信息，诸如产品的名称、产地、性能、特点、用途、设计目的、生产背景等。中间部分是整个产品说明书的核心部分，需要逐项列条，全面细致、清楚地说明产品究竟怎么样，产品的制作工艺、性能指标、主要技术参数、工作原理等。结尾部分需要简明扼要地介绍产品的具体使用方法、维修保养方法及其他注意事项等。

产品说明书的写作要求：第一，要抓住被说明对象和同类事物的疑似之处；第二，要把握住被说明对象的主要特征；第三，文字浅显易懂、朴实自然，绝对不能佶屈聱牙；第四，好的说明书应起到指导消费的作用，因此写说明书的人一定要熟悉业务、了解产品；第五，产品说明书要求行文简洁、用词恰当，根据需要选择恰当的说明方式；第六，应用简明扼要的语言把产品中有特点的部分、关键的成分写出特色和新意。

第四节　经济合同、经济活动分析报告的写作

一、经济合同的写作

经济合同是指法人之间或法人与其他经济组织、个体工商户、农村承包经营户等之间，为了实现一定的经济目的，明确相互权利义务关系而订立的协议。

（一）经济合同的特点

概括来说，经济合同的特点包括以下几个方面。

（1）平等性。签订合同的当事人在法律地位上是平等的，不论规模大小、级别高低，当事人都要以承担合同义务来获得经济利益。

（2）完整性。签订经济合同必须周密考虑各有关方面的内容，特别是合同不能正常履行时的处理方法，要求条款齐备完整。

（3）合法性。订立合同的当事人双方在签订合同时，必须遵守国家法律、法规，在国家法律允许的范围内确定双方的权利和义务，任何有违法行为的合同都是无效的合同。合同签订后，各方当事人就必须严格履行合同的内容；否则就会受到经济制裁，甚至被追究法律责任。

（4）约束性。依法订立的经济合同对双方都具有法律约束力，任何一方不得擅自变更或解除合同，当事人必须全面履行合同规定的义务。

（二）经济合同的种类

根据不同的标准，可以将经济合同分为不同的类型。

根据合同内容和业务范围分，可分为购销合同、加工承揽合同、建筑工程承包合同、供用电合同、仓储保管合同、财产租赁合同、财产保险合同、运输合同、借贷合同、科技协作合同、涉外合同、赠予合同、劳动合同、居间合同、行纪合同等。

按合同期限分，可分为长期合同（1年以上）和短期合同（1年以内）。按合同标的分，可分为转移财产合同和提供劳务合同。按当事人的国际关系分，可分为国内合同和国际（涉外）合同。按表现形式分，可分为表格式合同和条文式合同。

（三）经济合同的写作要求

经济合同一般由标题、约首、正文、尾部四个部分组成。

（1）标题。标题写在合同文本首页上方居中的位置，主要有以下两种形式：合同性质＋文种；合同标的＋合同性质＋文种。

（2）约首。约首包括订立合同各方当事人的名称或姓名。其写法有三种形式：①开头空两格写"订立合同双方（或各方）"，然后分上下行排列写各方单位名称，其后分别写"以下简称甲方""以下简称乙方"。②开头空两格分上下行排列写"甲方""乙方"，其后分别写各方单位名称。③开头空两格分上下行排列写"供方""需方"或"发包方""承包方"或"出租方""承租方"等，其后分别写其单位。

（3）正文。开头很简要地写明订立合同的根据或目的，说明经双方协商一致，签订该合同；或采用"为了……目的，根据……的规定，经双方充分协商，特订立本合同，以便共同遵守"。与此类似的写法，在一般情况下，合同都可以采用这种开头方式。然后另起一行分条写合同的法定条款及约定条款。通常最后的一两条写订立合同的有关事项说明。

（4）尾部。通常包括签订合同各方的公章、法定地址、法定代表人的签名、电话号码、传真号、开户银行及账号、邮政编码、签订合同地点和日期（有的把日期写在约首）等。

经济合同的写作要求如下所述。

（1）内容要合法。根据《中华人民共和国经济合同法》的规定，订立经济合同必须符合三项基本原则：第一，必须遵守国家的法律，符合国家法规和政策的要求；第二，不违反国家利益或社会公共利益；第三，必须贯彻平等互利、协商一致、等价有偿的原则。

（2）条款要完备。第一，合同的必备条款——标的、数量和质量、价款或酬金、履行期限、违约责任，一条也不能缺少；第二，对于某个种类的合同来说它的专用条款也是必须认真考虑的；第三，还应写入由当事人一方根据实际情况特别要求，而经双方协商确定的其他条款。

（3）语言要简明准确。为了避免合同纠纷的发生，标的物的名称、规格、型号以至牌号、商标等都要写清楚。

二、经济活动分析报告的写作

经济活动分析报告是运用科学的经济理论，以计划指标、会计统计资料、相关的原始记录和调查材料为依据，对某一部门或某一单位的计划指标、会计核算、统计资料以及通过调查研究所获得的其他有关经济资料，进行系统的分析比较，给予正确的评价，从中总结经验、揭露矛盾、提出建议，以指导工作、改进经营管理、提高经济效益的一种陈述性的书面报告。其目的在于能科学地评价过去的经营业绩，科学衡量目前的财务状况，以预测未来的发展趋势，提高管理水平。

（一）经济活动分析报告的特点

经济活动分析报告的特点主要包括以下几个方面。

（1）及时性。总结经验、寻找差距是经济活动分析报告的目的，所以，在一定时期循环结束或一定分析对象活动完结后，就应及时进行分析，以便对下一期循环或一定分析对象再次活动过程进行及时有效地调整、改进和控制。

（2）分析性。之所以说经济活动分析报告具有分析性，是因为它要对影响各项计划指标执行结果的主客观因素进行深入分析和研究，将计划指标、业务核算、会计核算和统计核算的数字、数据、百分比进行对比分析，对过去的经济活动中的成绩和问题、经验与教训进行检验和评估，得出客观的评价性意见。

（3）定期性。经济活动中的投入与产出、生产和流通都会受到时间的限制，具有明显周期性。因而，对经济活动情况进行分析研究的经济活动分析报告，也应根据经济活动的周期进行相应的同步或大体同步的写作。一般的经济活动分析报告多是就年度、季度、月份的报表资料进行的分析评价，具有明显的周期性特点。

（二）经济活动分析报告的分类

根据不同的标准，可以将经济活动分析报告分为不同的类型。

根据目的和分析内容，可分为综合性分析报告和专题性分析报告。综合性分析报告又叫全面分析报告或系统分析报告，是对某一部门或单位在某一个时期的经济活动进行比较全面、系统的分析研究而写成的书面报告。专题性分析报告又叫专项或单项分析报告，是对某一单项专门问题进行比较深入的分析后写成的书面报告。

根据涉及的时间，可分为事前分析报告、事中分析报告和事后分析报告。事前分析报告也叫预测分析报告。在分析的过程中，对完成计划的有利因素要心中有数，并促使其最大限度地发挥作用，对影响计划完成的薄弱环节和关键问题，要提出有针对性的改进措施。事中分析报告就是在计划的执行过程中经常对各项指标的完成情况进行分析研究，通过分析及时了解并掌握经济活动变化和进展情况，及时总结经验、发现问题，保证经济活动正常顺利地进行。事后分析报告，是在年度或计划期结束后，对上一年度或上一计划期的工作进行总结分析。

从经济领域的角度，可分为宏观性分析报告和微观性分析报告。宏观性分析报告是从整体或全局对一个国家、一个地区、一个系统的经济活动所作的宏观的分析报告。微观性分析报告是从一个局部或部分对具体的经济活动所进行的分析报告。

（三）经济活动分析报告的写作要求

经济活动分析报告通常包括标题、前言、正文、结尾和落款五个部分。

（1）标题。经济活动分析报告的标题，一般由单位名称、时间、分析对象和文种四个要素组成，有的分析报告在结尾部分具了名，标题中就可省去单位名称；也有用分析报告的基本观点或主要内容作为标题的。

（2）前言（导言、导语）。一般是用数据和简明的语言概括地介绍产销形势，针对分析的问题说明一些基本情况，提出问题并说明进行经济活动分析的目的。

（3）正文。正文是经济活动分析报告的核心，主要包括三个部分内容：第一，介绍分析对象的情况，包括基本情况的文字说明和具体数字说明，如指标、百分比、有关数据等。这些情况说明，要准确、完整。第二，依据国家的政策和经济规律，对有关数据进行数学运算推导，或对有关情况进行综合分析研究，运用对比、综合归纳等方法表明经验、成绩，找出存在的问题，提出改进的建议和措施；第三，对经济活动作出总的评价。

（4）结尾。经济活动分析报告的结尾要视具体情况而定。有的报告可省去结尾这一部分。如果需要有结尾，一般情况下，多是回应标题，提出希望和要求，对全文作一个简略的总结。

（5）落款。落款一般是写明撰写经济活动分析报告的单位名称或作者姓名，加盖印章并标明年月日等，有的还需要单位负责人签署。

经济活动分析报告有以下几点写作要求。

第一，在写作时，必须努力从众多的材料中抓住主要矛盾，依据特定的目标、要求，找出关键问题，进行深入分析。

第二，要从生产经营的客观实际出发，对所要分析的问题，作周密的了解，搜集整理数据资料，并进行合理运用。

第三，重视统计数据的作用，常用的数据有百分数、相对数、绝对数、平均数等。在运用数据的时候，要注意精确性，不能有丝毫差错。

第四，一篇经济活动分析报告只能有一个主题，不能多中心。

第五，经济活动分析报告不仅要用文字说明数字，还要应用分析表格列示，集中、直观、有序地显示数据，便于观察对比分析，易看易懂。

第六，经济活动分析报告在描述过程中的语言要言简意赅，用少而精的文字去描述客观事物和表达作者的观点。

第七，经济活动分析必须准确客观地揭示经济现象的变化过程及规律，总结经验、找出问题、提出建议。

第五节 招标书、投标书的写作

一、招标书的写作

招标书，也称为招标通知、招标公告、招标启事，是招标人利用投标者之间的竞争达到优选买主或承包方的目的的文书。它一般都通过报刊、广播、电视等公开传播媒介发表。在整个招标过程中，它是属于首次使用的公开性文件，也是唯一具有周知性的文件。招标书既是投标商编制投标文件的依据,又是采购人与中标商签订合同的基础。

(一)招标书的特点

招标书具有以下几个显著特点。

(1)紧迫性。招标书涉及经济活动的某一具体时间段行为,因此其效力具有一定的时间限制。招标书要求在短时间内获得结果,一般制作时间都较为紧迫。

(2)规范性。招投标书均具有法律效力,一旦确立中标,招投标文件即是制定合同的依据,不得随意更改,否则就是违约。因此,招标书内容应严格规范,其内容应符合国家相关法律法规及政策规定和要求;要对投标者在投标活动中的行为内容和方式进行规范。

(3)竞争性。既然招标书是招标人利用投标者之间的竞争达到优选买主或承包项目的目的,因此招标书必须让投标者互相竞争,择优中标。

(4)广告性。招标书一般通过大众传媒公开,具有广告性,要让拟参与竞标者清楚了解招标的目的、项目的基本情况或产品的性能、要求以及投标人的条件等。

(二)招标书的分类

根据招标的范围,可分为国际招标书和国内招标书;根据时间的长短,可分为长期招标书和短期招标书;根据计价方式,可分为固定总价项目招标书、单价不变项目招标书和成本加酬金项目招标书等。

(三)招标书的写作要求

招标书一般由标题、前言、正文和结尾组成。

(1)标题。招标书的标题一般有以下三种写作格式:招标单位名称+招标项目名称+文种名称;招标项目名称+文种名称;文种名称。

(2)前言。招标书的前言要简明扼要地介绍招标单位的简要情况,以及招标的目的、依据和项目名称与范围等诸项要素,以便给投标者留一个完整清晰的印象。

(3)正文。正文是招标书的核心部分,这部分内容在写作时要注意层次清楚,表达明确,能给人以清晰的印象。具体包括:招标文件的编号、招标项目名称、招标范围、招标投标方法、招标时限、招标地点等几个方面。

需要注意的是,这一部分内容的撰写,除了用简明、准确的文字将招标书的内容表述出来外,还应注明招标书的售价、投标与开标时间等内容。

（4）结尾。招标书的结尾，应签具招标单位的名称、地址、电话号码、传真号码、电子邮箱等，并署上日期，加盖公章。结尾中的单位不一定和标题中的招标单位一致，它可以是招标单位的上级主管部门，也可以是某一承办部门。如果是国际招标书，还应该写明招标范围，包括哪些国家、用什么货币付款、付款办法等，以确保招标的顺利进行。

编制招标书是一项严肃的工作，有以下四点要求：第一，撰写招标书，其对招标内容和招标具体事宜的表达必须做到严谨周密，否则就会有损招标书的质量，给招标单位的经济利益带来损失；第二，招标书在语言表达上应力求准确、简要，尤其是涉及有关的技术指标、规格、质量要求等；第三，招标书所涉及的内容事项必须符合国家的有关法律、法规和政策规定；第四，招标涉及的是交易贸易活动，要遵守平等、诚恳的原则，切忌盛气凌人，更反对低声下气。

二、投标书的写作

投标书，也叫投标函，是指投标单位按照招标书的条件和要求，向招标单位提交的报价并填具标单的文书。投标是对招标提出的邀约的响应或承诺，同时提出具体的标价和有关事宜来竞争中标。投标书写作质量的高低，直接关系到投标活动的成败。

（一）投标书的特点

投标书的特点主要有以下几个。

（1）规范性。投标书是中标后签订合同的依据，同时，还要做到对招标书的无偏差响应，因而其制作必须规范。

（2）竞争性。投标是投标者之间比实力、比技术、比信誉、比价格、比能力、比策略的竞争过程。投标书是投标者参与竞争的唯一武器，因此，投标书的写作便鲜明地体现出竞争性特色。

（3）公开性。随着我国的市场经济发展的日趋成熟，经济活动的方方面面都日趋完善。与此同时，招投标竞争也逐步规范起来，以促进正当、合法的竞争，因而大都实行公开竞标，以体现公开、公平、公正的合作原则。

（4）可行性。对投标书承诺的各项条件，例如项目标价、规格、数量、质量及进度要求等，承诺单位务必保证其可行性，一旦中标，必须严格履行承诺，将相应条件执行到底。

（5）时效性。必须在限期内将投标书递交给招标单位，对投标项目的进度要求也有严格的时间限定，一旦过期将视同自动放弃。

（二）投标书的种类

根据投标的使用对象，可分为生产经营性投标书和技术投标书。生产经营性投标书如工程投标书、承包投标书、产品扩散投标书、劳务投标书。技术投标书如科研课题投标书、最大关键项目投标书、技术引进或转让投标书等。

根据投标方人员的组成，可分为个人投标书、合伙投标书、集体投标书、企业投标书。

（三）投标书的写作要求

投标书一般由标题、主送机关、前言、正文和结尾组成。

（1）标题。投标书的标题主要有以下两种格式：投标单位＋投标项目＋文种；投标项目＋文种。

（2）主送机关。投标书的主送机关指招标单位名称，要求顶格书写。

（3）前言。说明投标的依据、指导思想和投标意愿。

（4）正文。正文是投标书的核心，正文部分须表明投标者的态度、保证事项。将投标的项目名称、数量、技术要求、商品价格、商品规格、交货日期等进行逐项说明。从某种意义上说，这一部分内容直接关系着投标人是否能够中标。

（5）结尾。结尾中要写明投标单位的名称、法人代表、联系人地址、电话号码、传真以及电子邮箱等，并以附件形式附上有利于己方中标的有关材料等。

投标书的写作要求包括以下几个方面：

第一，投标行为只发生在固定的时间范围内，因此要特别注意投标书写作的时间要求，要及时有效地表达投标意愿。

第二，既要遵守国家对招投标工作的有关规定和具体办法，又要执行国家颁布的技术规范和质量标准。

第三，在语言表达上应力求准确、严密。

第四，投标者要想取得相应的项目信任，就应该实事求是地反映自己的真实情况。

第八章　常用法律文书理论分析及其写作实践研究

法律文书是司法、执法和守法活动的产物，是具体实施法律的结果。对于保证国家法律的正确实施，维护社会治安秩序和社会主义市场秩序，保护公民、法人和其他组织的合法权益，加强公民的法制教育有着十分重要的作用。本章即对常用法律文书写作的相关内容进行简要阐述。

第一节　法律文书简述

一、法律文书的概念

法律文书是司法机关以及非讼机关、当事人及其代理人依照法定程序，在进行诉讼或者与诉讼有联系的非诉讼活动中，依据事实，适用法律、法规所制作的具有法律效力或法律意义的文书。

二、法律文书的特点

法律文书的特点主要包括以下几个方面。

（一）合法性

合法性是法律文书的最重要特点，这种合法性主要体现在以下两个方面。

1.制作的合法性

第一，法律文书的制作与使用必须符合法律程序。

第二，法律文书必须遵循法律的时效规定，超过一定的时限提交的法律文书不为法律所认可，所以是无效的。

第三，制作和使用的法律文书必须严格履行法律规定的手续。

2. 内容的合法性

法律文书的内容应当符合法律要求和有关政策的规定，应具备的项目不得缺漏，叙写事实要举证证明，提出要求应合理合法，阐述理由要有法律根据，这样的文书才具有法律意义。

（二）强制性

法律文书的强制性源于法律的强制性，其强制性表现在以下两个方面。

第一，法律文书一经生效，必须依法执行，否则应承担相应的法律后果。

第二，法律文书一经生效，非经法定程序不得任意改变。如果生效的法律文书有错误，也应该依法定程序来变更。

（三）规范性

法律文书的规范性主要表现在以下几个方面。

1. 样式格式化

在法律文书中，表格类、填空类的法律文书甚至是叙述类的法律文书都要遵循一定的格式。

2. 结构程式化

法律文书结构程式化包括两个方面内容：①文书结构固定化。法律文书的结构一般包括首部、正文和尾部三个部分。②写作事项要素化。法律文书中每一个部分的内容也呈现要素化，如对事实的叙述，则基本上是由时间、地点、人物、原因、手段、经过、结果七种要素构成。

3. 语言规范化

准确、朴实、庄重、精练、专业是法律文书对语言使用的基本要求。

（四）时效性

法律文书都是为解决一定的法律问题而制作的，是处理法律争端的有效凭证，具有法律效力。但是只是在规定的时间内受到法律保护，一旦超过了有效期，就面临着失效的危险。

三、法律文书的作用

法律文书是司法机关代表国家行使司法权的一种形式，其作用主要包括以下几个方面：第一，法律文书是司法机关依法办案、诉讼参与人依法参与诉讼的文书凭据，是保证诉讼活动依法进行的不可缺少的工具；第二，保证国家法律的正确实施，它是法律在实施过程中的重要方式和手段；第三，法律文书是法制宣传的生动教材；第四，是诉讼活动和非讼活动的忠实记录；第五，法律文书质量的高低，是对司法工作人员政治修养、业务素质和文字表达能力的综合检验，也是对司法工作人员的德、能、勤、绩等素质进行考察的基础因素之一。

第二节 授权委托书、公证书的写作

一、授权委托书的写作

授权委托书是指当事人为把代理权授予他人而制作的一种法律文书。它是委托人实施授权行为的标志，是受托人以委托人的名义进行经济法律活动的一种证明性文书。

（一）授权委托书的种类

授权委托书可分为民事代理授权委托书和诉讼代理授权委托书两大类。

民事代理授权委托书是指在民事法律行为过程中，由委托人授予受托人权限，受托人在一定权限范围内进行民事法律行为的证明文书。

诉讼代理授权委托书是指在诉讼过程中，由委托人授予受托人权限，受托人在一定权限范围内取得诉讼代理资格，为委托人进行诉讼的证明文书。

（二）授权委托书的写作要求

授权委托书通常由以下几个部分构成。

（1）标题。可以直接写"授权委托书"，也可以写出授权事项。

（2）首部。如果是个人授权委托书，依次写明委托人和受托人的基本情况，包括姓名、性别、年龄、民族、籍贯、身份证号码、工作单位、联系方式等。

如果委托人是法人的，则应写明法人的单位全称、地址、法定代表人的基本情况。

（3）正文。正文首先写明委托的缘由和委托事项，接着明确受托人的代理权限，常用过渡句"委托人对受托人授权如下"领起下文。如果代理权限内容较多，则分条列项写出具体代理权限。

（4）尾部。尾部要写明授权有效期。最后要由委托人和受托人签名盖章，如果是法人，就写明委托单位和法定代表人，并签名或盖章。最后注明成文时间。

授权委托书的写作要求包括以下几点：

第一，委托的事项一定要写得明确、具体。

第二，委托的权限范围是代理人实施代理行为有效的依据，委托的期限一定要写明起与止的时间。

第三，特别授权委托书如果是公民之间的，应当办理公证，以确保委托行为的真实性、合法性。

二、公证书的写作

公证书是指国家公证机关根据当事人的申请，依照法律和事实，按照法定程序制作的具有特殊法律效力的司法证明书。公证书旨在监督引导当事人正确行使民事权利、履行民事义务，达到预防纠纷、减少诉讼的目的。公证书不仅在国内具有法律效力，而且还具有域外法律效力，被广泛运用在国际交往中。

（一）公证书的种类

根据内容，可以将公证书分为民事公证书和经济公证书。

根据适用地的不同，可以将公证书分为国内公证书和涉外公证书。

（二）公证书的写作要求

公证书的写作格式包括以下几个部分。

（1）首部。写明公证书名称和公证书编号。写明当事人的基本情况。

（2）正文。正文主要内容是公证书证词，内容包括：公证证明的对象，公证证明的范围和内容，证明所依据的法律、法规等。公证证词中注明的文件也是公证书的组成部分。

（3）尾部。承办公证员的签名或签名章、公证处印章。出证日期以公证处审批人审核批准的日期为准。

公证书的写作要求包括五个方面：第一，办理公证时公证员必须问清当事人是否在订立时具有法律规定的民事权利能力和民事行为能力；第二，法院没有权利解除公证，只有采纳与不采纳，只有本公证机构和司法局有权撤销公证书；第三，公证书不得涂改、挖补，必须修改的应加盖公证处校对章；第四，根据需要或当事人要求，公证书可附外文译文；第五，除法律另有规定外，公证书从审批人批准之日起生效。审批人批准日期即为出证日期。

第三节　民事反诉状和民事答辩状的写作

一、反诉状的写作

反诉状是被告或其法定代理人在诉讼程序过程中，为了维护自己的合法权益，依照法定程序，反过来对原告提出的相反的独立诉讼请求的文书。

（一）反诉状的特点

第一，反诉状必须是由民事案件或刑事自诉案件的被告提出，刑事公诉案件的被告人不能提出反诉。

第二，反诉的原告是本诉的被告，享有原、被告的权利，同时又承担原、被告的义务。

第三，反诉和本诉必须在同一人民法院受理和审判，反诉才能起到它的作用。

（二）反诉状的种类

根据案件性质的不同，可以将反诉状分为民事反诉状和刑事反诉状两种。

民事案件的反诉可以抵销、排斥原告的权利，也可以使本诉原告的诉讼请求部分或全部失去意义。

刑事案件的反诉可以使本诉的原告也受到刑事处罚，但不能抵销反诉人的刑事处罚。

（三）反诉状的写作要求

反诉状通常包括以下几个部分。

（1）标题。标题有两种格式：根据案件性质在顶端写明标题；案由+文种构成。

（2）当事人基本情况。写明反诉人和被反诉人的基本情况，所列事项与民事起诉状相同，但在反诉人和被反诉人后应分别注明在本诉中的诉讼地位。

（3）案由。说明本诉和反诉的案由，并表明反诉之意。

通常来说，其写法是："被反诉人提出××××（本诉案由）之诉，现反诉人因××××（反诉案由），特提起反诉。"

（4）反诉请求。简要说明反诉人向人民法院提出的反诉主张和具体请求事项。

（5）事实与理由。反诉的事实与理由主要写明以下情况：第一，详细、客观、清楚地陈述反诉赖以成立的事实；第二，提出证据材料支持反诉事实；第三，阐明反诉与本诉的相关性，反诉状中必须说明反诉与本诉密切相关，二者是可以合并审理的；第四，根据反诉事实性质，引用相关的法律条款，提出具体的反诉请求，以抵销、吞并或否定本诉原告的诉讼请求。

这部分是反诉人提出反诉请求所依据的事实基础和法律根据，是反诉能否成立的关键，是反诉状的核心内容。

（6）证据及其来源、证人姓名和地址。应列明能够支持反诉请求，证明反诉事实真实性的证据材料，应写明证据名称和来源、证人姓名及现住址。

（7）呈送机关。一般是在反诉状正文结束后，另起一行空两格写明"此致"，然后在下一行顶格写明"×××人民法院"。

（8）落款。在反诉状的右下角，反诉人要签名或盖章，并写明具状的日期。

（9）附项。写明本反诉状副本×份、证物×件、书证×件、证人的姓名、住址等。

反诉状的写作要求包括三个方面：第一，反诉的提出必须符合法律规定的条件，否则反诉不能成立；第二，提出的反诉请求必须与原告人的本诉基于同一事实和同一争议内容，应以证据证明反诉请求的合法性；第三，由于反诉是针对本诉原告人提出，目的在于强调原告人应当承担的民事责任，所以在反诉状中应注重驳斥原告人诉讼请求的证据的运用，以求得人民法院的支持和司法的公正。

二、答辩状的写作

答辩状是指被告或被上诉人针对原告或上诉人的诉讼请求、事实根据和理由，向人民法院提交的，进行回答或辩解所使用的诉讼法律文书。

（一）答辩状的特点

答辩状的特点主要包括以下几个。

（1）客观性。答辩应尊重客观事实，所述事实应有相应的证据材料予以证明。

（2）规定性。答辩状必须在法定期限内提出。

（3）针对性。答辩状必须针对起诉状和上诉状的内容进行答辩。

（4）特定性。答辩状必须由民事、行政案件的被告、上诉案件的被上诉人、刑事案件的被告人提出。

（5）法定性。只有具有法定资格的人在法定期限内才有权提交答辩状。

（6）辩解性。被告或被上诉人在答辩状中应针对原告或上诉人的诉讼请求、事实和理由进行具体的答复，或进行有力的驳斥和辩解。

（二）答辩状的种类

根据审判程序的不同，可以将答辩状分为一审程序答辩状和二审程序答辩状。根据法律的适用范围，可以将答辩状分为民事答辩状、刑事答辩状和行政答辩状。

（三）答辩状的写作要求

答辩状通常由以下几个部分构成。

（1）标题。居中写明"刑事答辩状""民事答辩状"或"行政答辩状"。

（2）答辩人的基本情况。如果是公民，应写明姓名、性别、出生年月日、民族、籍贯、工作单位和职务、住址等。如果是法人或其他组织的，应写明名称、所在地址、法定代表人或代表人的姓名和职务。其他诉讼参与人的写法同起诉状。

（3）案由。主要写明进行答辩的缘由。具体写法如："答辩人因原告×××提起××（案由）诉讼一案，现答辩如下"，然后转入正文部分。

（4）答辩理由。答辩理由主要是针对起诉状或上诉状的诉讼请求、事实和理由进行反驳或辩解，是答辩状的主体部分。大体包括以下三个方面：就事实部分进行答辩；就法律适用方面进行答辩；提出答辩主张。

（5）结尾。起诉状结尾包括受诉法院名称、答辩人签名或者盖章、答辩时间。

（6）附项。附项主要应当写明答辩状的副本数、各种证据情况等。

答辩状的写作要做到两点：第一，答辩事实应实事求是，符合客观实际情况，切不可强词夺理、任意捏造、歪曲事实；第二，应诉答辩应讲究方法，抓住关键。

第四节 民事起诉状、上诉状和申诉状的写作

一、起诉状的写作

起诉状，简称"诉状"，是诉讼当事人为维护自己的合法权益，依法向人民法院提出诉讼请求的文书。起诉状的制作不只是引起诉讼程序的必要手续，而且对于案件的审理过程有着实质性的影响。

（一）起诉状的特点

起诉状的特点包括以下几点。

（1）特定性。每一种性质的诉状都只能在一定范围内提起诉讼时适用。

（2）直接性。任何公民、法人或其他组织的合法权益受到侵害时，或与他人发生纠纷时，都可以直接向人民法院递交起诉状。

（3）参证性。诉状本身就是一种处理案件时的证据，人们通常使用诉状来

维护国家、集体或公民自身的权益。

(二) 起诉状的写作要求

起诉状的文体格式由以下几个部分组成。

(1) 标题。单列一行在正中写"民事起诉状""刑事起诉状"或者"行政起诉状"。

(2) 当事人的基本情况。如果原告是公民的，要写明其姓名、性别、年龄、民族、籍贯、职业、工作单位和住址。如果原告是机关、团体、企事业单位，那么就要写单位名称、地址，次一行写法定代表人姓名及职务，法定代表人应为单位的主要负责人。原告不论是公民或者法人，如果有委托代理人的，在原告的下一项还要写明委托代理人的姓名、职务以及与原告的关系。被告栏的事项和写法与原告栏的事项和写法相同。需要说明的是，如果有多个原告、被告，应根据他们在案件中的地位与作用，逐次说明其个人的基本情况。

(3) 诉讼请求。诉讼请求主要是针对被告的具体行为提出的民事、刑事、行政的具体要求。诉讼请求应明确具体、条目清晰、言简意赅，既要合法，又要合情、合理。诉讼请求是原告提出诉讼所要达到的目的，也是原告要求人民法院解决的问题。

(4) 事实和理由。陈述事实要围绕诉讼请求全面地反映客观的真实情况，要写明被告人做出侵权行为的具体事实和当事人双方权益争执或纠纷的具体内容以及被告人一方所承担的法律责任。特别要把被告人侵权行为所造成的后果和应承担的法律责任，以及当事人双方争议的焦点和实质性分歧写清楚。

理由主要是根据事实、证据和法律，论证起诉的理由，叙写理由主要分两个层次：第一，依事论理，以事实作为起诉的理由和依据，抓住要点，论证自己的主张；第二，依法论理，即引用法律条文，说明诉讼请求的合法性和正当性。

(5) 致送法院名称。前面空两格写"此致"，另起一行顶格写"××人民法院"。

(6) 署名及日期。起诉人签名或者盖章、起诉时间。

(7) 附项。附项主要应当写明起诉状的副本数、各种证据情况等。

起诉状的写作要求包括以下几个方面。

第一，诉讼请求应简明、合法、具体明确。

第二，应当围绕"诉讼请求"叙写事实。凡是有利于实现诉讼请求，可以作为实现诉讼请求的事实根据的具体材料，都可以写入起诉状的事实部分。

第三，叙写事实既要全面反映案件的全貌，又要突出重点。

第四，叙写事实应当实事求是。

二、上诉状的写作

上诉状是指当事人不服第一审人民法院的判决或裁定,在法定期限内请求上一级人民法院再次进行审理时制作的法律文书。

(一)上诉状的特点

上诉状的特点包括以下几点。

(1)针对性。上诉状应当针对一审裁判认定的事实和适用的法律书写。

(2)法定性。上诉主体必须是具有法定身份者。

(3)完整性。上诉人应对一审中未能完全阐明的事实进行全面论证,避免由于论述不完整而承担不利的法律后果。

(4)特定性。上诉对象必须是地方各级人民法院的第一审裁判。

(5)时效性。当事人不服地方人民法院第一审判决的,有权在判决书送达之日起十五日内向上一级人民法院提起上诉。当事人不服地方人民法院第一审裁定的,有权在裁定书送达之日起十日内向上一级人民法院提起上诉。

(二)上诉状的种类

根据性质,可以将上诉状分为民事上诉状、刑事上诉状和行政上诉状。

(1)民事上诉状。民事上诉状是指民事诉讼当事人由于不服地方各级人民法院第一审民事判决或裁定,根据法定程序和期限而向上一级人民法院提起上诉,请求撤销或变更原审裁判的诉状。

(2)刑事上诉状。刑事上诉状是指刑事诉讼的当事人或者依照法律规定有权提出上诉的其他人,不服人民法院的第一审刑事判决、裁定,在法定期限内,向上一级人民法院提出上诉,请求撤销或者变更原审裁判时的诉状。

(3)行政上诉状。行政上诉状是指行政诉讼当事人,不服地方各级人民法院第一审行政判决或裁定,依照法定程序和期限,向上一级人民法院提起上诉,请求撤销或变更原审裁判的诉状。

(三)上诉状的写作要求

上诉状由以下几个部分构成。

(1)标题。居中写明"刑事上诉状""民事上诉状"或"行政上诉状"。

(2)当事人的基本情况。主要写明案件当事人的姓名、性别、年龄、民族(外籍的写国籍)、职业、工作单位及详细地址,以便法院传唤或通知到庭。

(3)上诉请求。要依次写明两项内容:第一,原审判决书、裁定书的案由和案呈;第二,上诉的请求,即上诉人不服原审裁判,要求二审法院撤销原审裁判或全部、部分变更原审裁判结论；上诉的请求，也可以写在上诉理由之后。

（4）上诉理由。主要是针对原审判决、裁定的不当，写明上诉的理由。上诉理由应从认定事实、适用法律、运用程序三个方面提出。

① 认定事实。上诉人如果认为原审认定事实错误或者事实不清，应具体指出其错误所在，提出客观准确的事实来说明，同时必须提出确实、充分的证据来加以证明，绝不可以凭空想象、主观臆断的"事实"作为论据。

② 适用法律。如上诉人认为原审裁判所适用法律错误，要明确指出，并提出正确地适用法律的意见，以反驳错误地适用法律。

③ 运用程序。如上诉人认为原诉讼程序不合法，如应回避而未回避，应公开而未公开审理等，可能影响到案件的公正审理，也可以作为上诉的理由。

（5）致送法院名称。前面空两格写"此致"，另起一行顶格写"××人民法院"。

（6）署名及日期。右下方由上诉人署名，注明制作的日期。

（7）附注。要写明上诉状的份数，证人的姓名、工作单位、职业、住址，物证和书证的件数。

上诉状的写作要求如下所述。

第一，上诉状主要针对的是一审判决或裁定中的事实错误、法律适用错误以及程序不合法展开论证说理，而不是针对对方当事人的起诉或公诉机关的指控进行论辩。

第二，有权提出上诉的民事、行政主体，一般仅限于案件的当事人。而刑事案件的上诉主体还包括被告人的辩护人和近亲属。

第三，要抓住一审裁判存在的关键性问题，据理论证，分清是非，把道理讲清、讲深、讲透。

三、申诉状的写作

申诉状是指当事人对已经产生法律效力的判决、裁定不服，依据法定程序请求原审法院或者原审法院的上级人民法院再次进行审理时制作的法律文书。

（一）申诉状的特点

申诉状的特点主要有以下几个方面。

第一，申诉状的制作主体是法定的。

第二，申诉状必须是与本身权益有关的公民提出的。

第三，申诉是对已经发生法律效力的判决、裁定不服才提出的。

第四，申诉状可以向人民检察院、原审人民法院或原审的上级人民法院提出。

第五，申诉状可能引起审判监督程序的发生，也可能不引起审判监督程序的发生。

第六，申诉状的制作没有法定期限限制。

（二）申诉状的种类

根据性质，可以将申诉状分为民事申诉状、刑事申诉状和行政申诉状三类。

（1）民事申诉状。又称再审申请书，是指民事诉讼当事人不服人民法院制作的已经发生法律效力的民事判决书、裁定书和调解书，依法申请人民法院再次审理此案的法律文书。

（2）刑事申诉状。刑事申诉状是指刑事诉讼当事人及其法定代理人、近亲属、被害人对已经发生法律效力的刑事判决、裁定，依法申请人民法院或者人民检察院重新审理时制作的法律文书。

（3）行政申诉状。行政申诉状是指行政诉讼当事人不服人民法院制作的已经发生法律效力的行政判决、裁定，申请人民法院再次审理此案时制作的法律文书。

（三）申诉状的写作要求

申诉状由以下几部分构成。

（1）标题。居中写明"民事申诉状""刑事申诉状"或"行政申诉状"。

（2）当事人基本情况。如果是公民的，应写明姓名、性别、出生年月日、民族、籍贯、工作单位和职务、住址等。如果是法人或其他组织的，应写明名称、所在地址、法定代表人或主要负责人的姓名和职务。

（3）申诉案由。写明申诉的案件名称，做出生效判决、裁定的人民法院的名称、判决、裁定编号及制作日期，并表明对该裁判不服，提出申诉的态度。

（4）请求事项。即请求人民法院解决什么问题，说明要求达到的目的，一般需要写明请求法院撤销还是变更原审法院已生效的判决或裁定。

（5）申诉的理由。这是申诉状的核心内容，这部分内容主要是针对原判决、裁定（或者决定）的不当之处，从认定事实、适用法律和诉讼程序上存在的错误等方面分别加以阐述。

（6）致送机关名称。前面空两格写"此致"，另起一行顶格写"××人民法院"。

（7）署名及日期。署名或盖章，并注明制作的日期。

（8）附项。包括案卷名称及份数、物证、书证的名称及数量，有证人的，列出证人姓名、住址，申诉人如为在押犯，写明现在的羁押处所。

申诉状的写作要求如下所述。

第一，申诉状的写作要注意突出主要矛盾，理由阐述充分。

第二，申诉人不服原审法院的裁判，其申诉理由必须针对原判认定的事实和结论，将自己不服判的论点明确写出。

第三，在摆出不服原判的论点后，充分运用事实论据进行说理、反驳及论证。

第四，要做到论点与论据一致，原因和结果、前提和结论吻合。

第五，不同的申诉状有各自不同的申诉请求，在具体制作时应根据具体情况进行合法表述。

第六，申诉理由要突出"新"字，要能够提出新的事实和证据。

第七，在提出申诉理由时要注意有一定的层次感，结构不能混乱，要按事实、理由、法律依据及结论的顺序来表示。

第九章　学术文书理论分析及其写作实践研究

学术文书是大学生必须要学会写的一种文书。对于高校学生来说，写好学术文书是成功的第一步。通过学术文书的写作，高校学生可以提高自己的语言表达能力以及写作方面的逻辑思维能力。本章即对学术文书写作的相关内容进行阐述。

第一节　学术文书简述

一、学术文书的概念

学术文书是大学毕业生在完成自己学业基础上，运用自己所学的专业基础理论知识和基本技能，针对某类问题进行科学的研究和探讨而形成的文书。

二、学术文书的特点

（一）规范性

不同体裁的学术文书在长期演变过程中逐步形成了各自的基本格式和写作要求，一些文体的文面、行款、基本格式都正在趋向统一，趋向规范化、标准化。

（二）科学性

学术文书大多是针对某一个问题进行的论证，因此要求论题一定要准确，论据一定要可靠，文书中所引用的数据等一定要真实。总之，要求学术文书一定要具有科学性的特点。

（三）创新性

学术文书要求在写作的过程中选题新颖，要有自己的比较新颖的独到的论点，要有所创新。

（四）学术性

由学术文书的概念可知，学术文书必须要有学术性的特点，没有学术性就不能称之为学术文书，也不会有任何价值。

第二节　科技论文的写作

一、写作准备

科技论文论述内容和研究方法的不同，使得论文的写作形式和书写格式也有所不同，但就其写作规律和写作过程而言，大体上是一致的。

（一）材料概述

材料是撰写论文的基础，没有材料支持，写出来的论文也是空洞无物、缺乏说服力的。一般来说，论文由论点和材料两部分构成。论文的论点是从材料中提炼而来的。每篇论文都会有自己的中心思想，即基本观点，它是论文全部内容和思想的高度概括，是作者写作目的的集中体现。中心思想的提炼出自实践材料和理论材料两方面。其中，实践材料一般是在某种实践中获得，而理论材料则出自各种历史与现在的材料中。可见，观点是主观产物，来自客观存在的材料，经过去粗取精，由感性认识上升到理性认识，而后逐渐升华为得到的观点。材料作为论文的基础，要求论文必须要有大量充分、翔实的论据材料来论证论文观点。论文的观点是作者自己的，而要使自己的观点得到承认，就需要有大量的、充分而有说服力的理由来证明。在进行论文写作时，依靠材料这一基础依据，可以将社会实践和抽象的理论统一起来，这样写出来的论文才会有较好的效果。

一般来说，科学研究都是以研究现有的材料为基础，创建出新的材料。论文也不例外，作者只有拥有了丰富的材料，并在此基础上加以思考，才会形成问题和目的，然后解决问题，阐述论点。

材料涵盖范围非常广，根据不同的分类标准，同样的材料可能同时划入多个类别。下面是几种常用的标准。

1. 按搜集方式分

根据搜集方式可以分为直接材料和间接材料。

直接材料通常是作者直接进行调查或者研究得到的第一手资料，带有一定的创造性质且真实可靠，具有较高的使用价值，是写作论文的基础。

间接材料是前人研究的成果的总结，不需要作者亲自实践就可以从各种文献资料检索到的材料。可以认为是"第二手材料""第三手材料"，对研究也有启示和指引作用。

随着网络技术的迅猛发展，间接材料的获取更加简单、方便了。它在给论文写作带来了便利的同时，还需要注意两个问题：首先，必须进行核实工作，确定真实性，不能拿来就用；其次，因为涉及版权的问题，只能借鉴，不能照搬照抄。

2. 按表现方式分

按表现方式可以分为具体材料和概括材料。

具体材料主要是指能够全面、具体描述事物整体情况的材料。在写作论文时，需要突出表现一些内容，这就需要用到具体材料，以便更好地反映事物的整体面貌、一般规律和共同性质等，使论文达到翔实的效果。直接材料主要来源于科学观察、科学实验和实地调查。

概括材料是比较概括的材料，能简要概括事物的全貌，给人以完整的印象。它具有内容言简意赅、文字简明扼要的特点，常用来提挈全文。概括材料一般要通过阅读、记录、检索等方式实现。

3. 按性质分

按性质可以将材料分为理论材料和实事材料。

理论材料多用于证明某个观点，来源于实践抽象加工后形成的规律和已经被实践论证过的真理，具有抽象性、普遍性、规范性等特点。名人的言论、科学定义、定律、原理、公理等理论性较强的材料都可以作为理论材料。

实事材料主要指古往今来可以用作证明论文观点的实例型材料，这类材料要求一定要真实可靠，同时又新颖独特且具有典型意义，如名人实例等。使用实事材料时要注意对所选实事材料加以概括，不能像记叙文那样注重细节的描写。

4. 按年代分

按年代分可以分为历史型材料和现实型材料。

历史型材料主要指历史上形成并保留下来的史实、文物、作品、文献及其他资料，是人类历史长廊的宝贵财富，是值得研究的文化遗产。历史材料是科学研究工作的基础，各种历史材料常被用作论据阐述事理。对待历史材料时应持"取其精华，剔其糟粕"的态度，使材料古为今用。

现实型材料泛指当代现实生活中的一切写作材料，如现今各种文化理论专著、各种刊物上的资料都属于现实型材料，科技论文反映当代科学研究的最新成果，是论文写作的重要信息来源。

（二）搜集材料

面对丰富的、海量的材料，要获得需要的材料，还必须掌握一定的原则和方法。

1. 搜集材料的原则

（1）目的性原则。论文的题目确定后，就要以论题为中心，进行周密的调查研究，从实验观察和浩如烟海的书籍中搜集那些与论文相关的材料，来构思自己的论文。在寻找论文资料的时候，受制于每个人有限的精力和时间，我们应该尽量克服盲目性，找准自己的主攻方向。一般来说，对于与自己研究课题有关的材料，有吸引力、感兴趣、重要的、有用的要重点积累。盲目地搜集和积累材料，兴趣很广泛，样样都搜集，结果事倍功半，甚至劳而无功。

（2）真实性原则。材料的真实性作为论文写作的基本要求之一，就是要求在选材的时候一定要选择真实的、客观的材料，不能是假造的、伪造的材料。在论文写作过程中，使用真实的、确切的材料作为论据，能够有效提高所论证论文的观点的正确性。

需要注意的是，在保证论文引用材料真实性的前提下，还要求材料与观点一致，防止张冠李戴，引用他人的事实、数据、结论，甚至一句一字、标点符号都要查对核实，同时注明出处。

（3）典型性原则。典型性原则要求材料能深刻反映事物本质、具有广泛代表性和说服力。作者在搜集与论文相关的材料时要尽可能搜集最具代表性、最能反映事物本质、最能说明主题和证明观点的材料。一般来说，一篇一万字的论文要十几万字的材料，且不是所有的资料都能被使用，选进论文的材料毕竟是少数。所以，这少数的材料必须是精炼得当、最典型、最具代表性的材料。对论文写作而言，典型材料用得好能起到画龙点睛的作用，因此，人们在搜集材料的时候要认真考虑，仔细比较，选取典型的材料。

（4）广博性原则。论文写作作为一个严谨的工作，需要足够充分的材料来论证论文的主题，材料越丰富就越有说服力。从另一个角度考虑，材料越多，知识面也就越宽，对提高写作者自身的写作水平具有明显的效果。因此，在搜集材料时要尽量注意到这方面的问题，多搜集与论文相关的资料。

（5）新颖性原则。新颖性原则是指搜集的材料能反映新事物、新情况、新的理论、新的方法，在理论上能做出新的概括。这就要求搜集材料必须保证其是鲜活的、生动的，这样才有说服力。新颖性原则还要求作者能够在课题研究过程中细心观察新的变化、新的情况和新的问题，从别人没有涉及、没有发现的方面或问题去准备材料和选用材料，以增加感染力，使人耳目一新，以保证写出来的论文新意盎然，观点独特。

2. 搜集材料的方法

在材料搜集过程中，掌握一定的方法也是提高效率的必要手段。搜集材料的方法包括观察、调查、文献检索、实验等。

（1）观察。观察是人们对周围客观现象进行有计划的感知活动。为研究课题而进行的观察是指对自然条件下所发生的某种特定过程或现象进行细致的特定考察，获得初步认识，为进一步的研究工作提供第一手资料。科学观察有别于一般的观察，可以通过人的感觉器官，也可以借助科学仪器。

观察法是进行科学研究获取资料的一种最基本的方法，观察对象、观察范围、观察条件和观察方法都已提前明确，具有灵活方便、感官强烈、主观性较高等优点，但是也存在一定的局限性。首先，表现为人的局限性，人的感知是有限的，尤其是现在研究的事物越来越复杂，仅仅依靠人自身的感官系统，只能获得浅显的表面现象，不能深入其中，不得要领。其次，仪器的局限性，尽管目前已经有大量的仪器应用于观察实践中，但是它还不是万能的，其观察范围还存在局限性。除上述两个方面外，人的主观能动性也是造成偏差的主要原因，由于思维方式的不同，每个人对观察的结果都有自己的认识，这就造成了偏差的出现。

（2）调查。调查是对特定的研究对象进行有目的、有计划、有步骤的研究，以获取与其相关的各种事实和资料、信息的方法，也是人们搜集第一手材料的有效方法。调查是获得新颖材料的必要手段，可以帮助作者对客观事物有更深的了解，丰富写作素材。

（3）文献检索。文献检索是能够尽快搜集和获得资料、吸收和借鉴他人成果、高速度高质量地进行科学研究的有效途径。对于论文写作的选题阶段，通过文献检索可以了解国内外同类课题的研究情况和发展水平，以确定自己的科研起点，还可避免选题撞车，减少重复劳动。在写作阶段，通过文献检索可以间接得到用来证明自己的观点的资料，丰富论文内容。

另外，处于当前这个科学技术迅猛发展，新观点、新技术不断涌现的社会中，面对浩如烟海的文献信息，如何能快速、准确地找到所需的信息，以最少的时间和精力最充分地获得所需的文献资料，就成了衡量一个人科研能力的标准之一，文献信息检索技术也就因此成了科研中必须掌握的重要方法与技能。

（4）实验。实验是指根据课题要求，通过一定的仪器设备，在一定的条件下控制或干预研究对象，使某一事物或现象在有利于观察的条件下发生或重复，从而获得经验事实的一种研究方法。可以将实验作为观察方法的延伸和扩充，用来克服人自身的主观限制，提高理性认识。

对于很多实验型论文或设计型论文来说，实验是不可或缺的。实验可以根据研究工作的需要，改变研究对象的自然状态，人为地规定实验环境和条件，控制实验速度等，可以较大地发挥主观能动性。同时，实验又充满客观性，研究的客观事物总是变化的，所以实验得出的结论经常是矛盾的，往往需要多次反复实验。实验结果一定要准确无误，能经得起科学的检查。

3.搜集材料注意事项

在搜集材料的过程中，除了思考和理解材料外，还需要做好写作材料的记录，为以后的材料分析做准备。材料的记录实际上也就是在对材料作分析、鉴别，再有意识地进行取舍，即对搜集到的直接材料和查阅到的间接材料要做到随时记录。直接材料可以形成笔记、报告，对于查阅到的文献等要随时记录、写笔记或做卡片等，有条件的最好将材料存储在电脑里。另外，记录材料要做到材料系统化、条理化，便于查找和使用。

另外，对于搜集到的大量的资料，确定材料已经完善没有缺失，需要明确至少以下五个方面的材料。

（1）第一手资料。这是与论题直接有关的各种文字和数字材料。只有依据这些材料，作者才能在论文中提出自己的观点，否则撰写的论文就只能成为毫无实际价值的空谈。注意，第一手资料要尽早、尽快搜集，同时要注意其真实性、典型性、新颖性等。

（2）相关研究成果。相关研究成果包括国内外对有关该学术课题研究的成果和最新动态。论文的撰写基本上都是在他人的研究成果的基础上进行的，对于他人已经解决了的问题就可以直接以此作为出发点，从中得到有益的启发、借鉴和指导。对于他人未解决的或解决不圆满的问题，则可以在他人研究的基础上再继续研究和探索。

（3）背景材料。背景材料的搜集和研究有助于拓宽思路，提高论文水平。尤其是社科类论文，应该搜集大量社会、政治、经济等背景材料，取得深入的研究成果。

（4）交叉学科知识。随着科学技术的发展，众多纷繁复杂的分支学科及交叉学科开始出现，针对这一现象，论文作者应努力掌握交叉学科的知识，扩展研究视野，运用更多的分析方法。一般来说，现在写一篇论文都要用到很多学科的知识，这样可以使自己的研究有更宽的视野，容易写出高质量的论文。

（5）相关名人名言、政策资料等。名人名言极具权威性，在论文中用名人实例或者名言来论证论文的观点，可以达到对论点准确有力地阐述。政策资料的运用则既能体现出社会主义现代化的实践经验，又能反映出现实工作中面临的多种问题。当然，在研究这些现实问题时，还必须搜集和分析这方面的材料，以防论文出现大的缺陷。

（三）分析材料

在得到大量零散且互不相关的材料后，要写到论文中去，还必须对这些材料进行整理、鉴别和分类，使所得的材料条理化、系统化，加深人们对材料的进一步认识和理解。在确定了主题和思路后，有选择性地把材料写进论文中去。

1. 整理材料

整理材料是作者自己对在观察、调查、实验等活动中所获得的直接材料和查阅文献所搜集的间接材料进行整理，以形成系统性的新材料，提升自己的认识，并形成新的观点。整理材料不是简单地分类，还需要核对材料考据，取精去糟，汇总加工。然后，再把那些零散杂乱的同类材料汇总综合到一起，形成一个整体，进行进一步的研究分析。

比较法和综合法是两种常用的整理方法。比较法是指将所搜集到的两种或两种以上的同类材料进行分析比较，以鉴别材料的真伪、价值的高低、作用的大小或新颖程度等。通过对材料的比较，能获得一个新的认识，得出新的材料和新的观点。此外，论文中使用的各种材料必须能相互支持，表达统一的主题。用比较法整理，则可以得到更详细的分类。综合法也称归纳法，指把搜集的一系列材料进行概括分析，得出一般性的见解。通过综合法整理出来的材料一般联系密切，合理有效，对论文观点的论证具有重要作用。

上述两个方法在进行材料整理时一般会同时使用，用比较法可以将材料分门别类，以一个或者几个方案表示出来；而用综合法可以对相似或者相反的材料进行组合，为写作论文选定材料作铺垫。

2. 选用材料

对于整理出来的大量材料，能真正应用于写作的毕竟是有限的。这就涉及材料选用的问题，要根据论文主题和结构来选用材料。选用材料时只有经过认真领会、理解消化、灵活运用于论文写作中，为说明问题、确立论点服务，才算很好地利用了材料。

选用材料可遵循下面几个原则：

（1）选用最能证明论点的材料。观点要被人们接受，必须有确凿可信的材料来支持它，凡是能有力地说明、突出、烘托主题的就选用，否则就断然舍弃，这也是选用材料最基本的原则之一。遵照这一原则选用材料，材料和观点就有高度的统一性。材料是观点的根据，材料可以很好地说明主题、论述观点，论文的表达就能更加圆满、全面。

（2）选用真实可靠的材料。论文的真实性要求它在选材时也必须遵循科学的真实性原则。选择资料要有根据，尤其是采用的第一手资料必须要有来历。对于写入的一系列数据、方法等必须是经过多次验证的，同时得到这些事实、数据的方法也必须是确实可行的。这就是说，在相同的实验条件下，其他人用同样的方法也会得到同样的结果。对于第二手资料的选取，则必须保证它与原始文献的一致性，即必须认真核对，以求得最大的准确性。例如，引用的历史人物、事件、时间、地点、数字、引文等必须认真核对，不能出现误差，这样的论文才能令人信服。

此外，尊重客观实际，避免先入为主的思想。选用的资料中不能夹杂个人的好恶与偏见、不能歪曲资料本来的客观本质，也是选用论文材料时必须考虑的一项重要措施。以社科类论文为例，选取材料时对其资料来源要加以辨别，弄清原作者的政治态度、生活背景、写作意图，并加以客观的分析和评价。选用的材料真实与否直接关系着论文的成败，只有从真实可靠的材料中才能得出科学的结论。

（3）选择典型的材料。所谓典型材料通常是那些能深刻反映事物本质、具有广泛代表性和说服力，且能集中地表现论文主题的材料。典型材料数量可以不多，但其产生的逻辑力量和效果却是很明显的。

围绕主题选材是最基本的，但是不需要将所有与主题有关的材料都写进去。对于典型材料必须进行精选，这样才能对论文的理性认识有更充分的影响力。

（4）选用新颖生动的材料。新颖性除了对材料产生的时间有所要求外，更重要的是要从普遍常见的资料中发掘别人尚未利用的东西。例如那些前所未有，近期才出现的新事物、新思想、新发现、新方向；或者是某种事物虽早已存在但人们尚未发现其价值的资料。

撰写论文时，只有选用的材料符合新颖性要求，才能够最大限度地吸引人们的目光，增强论文的现实性，使人耳目一新。

（5）选用符合论文结构的材料。要做到最大限度地利用材料，就必须根据论文结构来选用材料，例如，根据论文的基本结构，安排材料的详略：重点的或具体材料可以详细论述，次要的材料略写或少写，这样才能够保证材料的运用做到完整、有深度和宽度。

二、选题与标题的写作

科技论文写作的第一关就是选题,选题定得好,便能够写成有水平、有影响、有价值的好论文。选题不当,则不仅浪费时间和精力,最后还有可能一无所获。因此在动笔之前需要先构思研究选题。

（一）课题、选题、标题

选题前,需要先弄清楚课题、选题与标题三者之间的区别和联系。三者既不能混同一体、相互取代,但又相互联系、相互制约、密不可分。

1. 课　题

课题是研究者研究的主攻方向和目标。课题选得越好,成果出得越多,代表科研能力越强,水平越高。一般来说,科研人员的研究对象主要是本学科、本专业领域内尚未解决和亟待解决的问题,科研工作者要选择其中的某一项目进行深入钻研和探讨时,通常会根据个人专业、学识专长、文化素质、兴趣爱好等,从中发现这一项目的本质或规律性的东西,进而形成个人研究的课题。因此,可以这样说,课题就是研究人员围绕某一目标、某一中心或某一问题,从理论或实践上对其进行的探讨或解答。

选择课题时,必须深入社会,了解社会、国家和人民的需要,掌握科学发展的趋势和国内科技发展的新变化、新动向和新信息,站在时代的制高点上,纵观全球,抓住要害。

课题一般来源于三个渠道：①国家、地方或上级下达的课题项目。该类课题完成后,即可从所获得的成果及效益中选取论题,撰写论文。②与相关的生产部门或科研单位协作研究,共同开发,取得成果后也可从中选择论题撰写论文。③自定课题,这类课题要求找准社会、生产和本专业中急需解决的问题,或学科研究发展中尚未解决的问题进行研究,尤其是对于某些新发明、新材料、新工艺、新技术等的研究,具有现实意义和科研价值。但自己在选择课题时一定要慎重,避免与别人重复。

2. 选　题

不同于课题,选题要分析所做课题中的光点、亮点或聚焦点,对其进行判断和综合,从中发现新的问题,概括出新的定律、新思想、新工艺、新方法,提出新的理论和见解。可以说选题是课题中最重要、最有意义、最有价值的某部分或某一方面。

从课题到选题,再到论文的写作,这是一个环环相扣的过程。可以说,选题的价值就决定了科技论文的价值,选题的大小由课题决定。高校学生的课题一般都是导师的子课题,因此在选题时应主动征求导师的意见,并且善于从导师的知识和经验中吸取对自己有益的东西,从课题确定、实验研究、问题解决以及选题确定中,不断丰富、扩大自己的知识面,培养个人独立进行科研的能力。

3. 标 题

确定论文标题时一定要使其与所写的内容切合。一般来说,标题不宜太宽广,否则显得漫无边际,使人看不明白;当然标题也不宜太狭窄,否则难以展开思维,难以充分表达自己的认识和见解。只有那些能够抓住文章要害且新颖醒目的标题,才能首先吸引读者,博得好评。

(二)标题的写作

标题也称题目,是文章优先显现的文字。每篇论文首先映入读者眼帘的就是论文的标题。可以说,标题是一篇论文的缩影与提示。好的标题,能使读者通过标题而窥视论文的全貌,从而激发读者的注意和兴趣,使得读者在看了标题后便欲罢不休,进而阅读全文。

1. 标题与论文主题之间的关系

主题是文章的中心思想,论文中的每一句话和每一个事例都是为了描述论文主题而展开的。而论文的全部内容,又都有一个贯穿全篇的最主要的和最基本的意思,这就是论文的主题。论文的标题则是论文主题的确切表述。标题与主题的联系并非固定,归纳起来有以下几种。

(1)提示关系。标题只提出了论文研究主题的方法而并不提示研究的结论,以增加读者对论述内容及结果的思考与悬念,等待读者阅读内容后自己去得出答案。

(2)导引关系。导引关系是指以标题作为引导告诉读者论文撰写的主题、研究目的和方向。在一些对于动态性、展望性、比较性的研究中,常将论文标题与主题之间的关系定位为导引关系。

(3)同一关系。标题也是主题。许多科技论文均采用这种联系方式,标题就是论文的中心论点、基本观点或核心内容。

2. 标题拟定注意事项

概括起来,论文标题拟定时应遵循以下要点。

(1)用词切题。标题是作者表达论文的特定内容、反映研究范围和深度的最鲜明、最精炼的概括,也是最恰当、最简明的逻辑组合。题目要能直接体现文章的宗旨，必须与内容相吻合，要把研究的目的或所研究的某些主要因素之间的关系，用含义确切、实事求是的文字恰当而生动地表达出来，以引起读者阅读这篇论文的兴趣，留下深刻的印象。因此，文要切题，题要独创。标题要避免使用笼统、空泛、冗长、模棱两可、夸张、华而不实以及与同类论文相雷同的字眼。

（2）力求通俗。力求通俗就是要求在写作过程中尽量避免使用特殊专业术语。随着科技的发展，每个学科的分工愈来愈细，各专业间的交叉、融合虽然很多，但学科自身的专业性日趋精深，产生了许多专业性的术语、符号、代号、表达式等特殊用语，在拟写学术论文的标题时，还应注意尽量避免使用不常见的符号和特殊术语，以免妨碍读者的理解。

（3）忌大题小做。科技学术论文标题要尽量使用专指性较强的词汇，尽可能提示出所写的具体内容，便于读者在查阅目录索引时决定取舍和是否研读全文，并根据标题大致判断出论文的基本内容。写得过于抽象的论文题目往往会使读者在决定取舍时不得要领，颇费思考，而有时检索到手又非所需，浪费了读者的时间。同时，也会给做资料整理工作的人员带来困难。

（4）文字精练。一篇论文的标题，要文字简练，含义确切，能够把全篇文章的内容、研究的主要目的或是所研究的某些因素之间的关系，确切而生动地表达出来。论文标题要反复推敲后才能确定下来，一字一字推敲，做到多一字无必要，少一字嫌不足，画龙点睛，恰到好处。标题的长短按照不同论文的内容而定，一般以不超过20个字为宜。美国、英国出版的科技期刊，要求论文标题不超过12个词或100个书写符号（包括间隔在内）。尽管标题文字要求以简练为妙，但意义明确则是更为重要的。因此，必要时宁可多用几个字；把作索引时可能用到的字包括进去；把重要的字尽可能靠前写。

（5）层次分明。许多情况下，论文的标题可由多个部分组成：①总标题，是标明论文中心内容的句子，一般来说，论文的标题可作为论点。②副标题，即进一步对总标题的内容说明或补充，一般在总标题不能完全表达论文主题时采用，以补充论文下层次内容，尤其在分篇连载或报道分阶段的研究结果时，可取相同的上层主标题，而用不同的副标题区别篇与篇之间的内容差异。主副标题用破折号来区分，且它们之间往往是一虚一实，相互补充。主标题重在提示意蕴，副标题重在概括事实，虚实相得益彰，耐人寻味。

部分文章，尤其是消息，为了充分显示题意，常采用多行标题。在主标题之上的称为引题，又称肩题或眉题；在主标题之下的称为脚题。引题的作用是交代背景、烘托气氛，以引出正题。主标题是对最主要成果或进展的概括。脚题是对主标题的补充，本例则是提供了主要的事实和结果。

三、署名及工作单位

（一）署　名

署名是作者对论文拥有版权或发明权的一个声明，在论文（或其他著作物）上署名，就是宣布拥有版权的一个声明。一般来说，这种署名一旦履行了一些必备的程序（如公开发表或经公证）就受到了法律的保障。

论文的署名，不仅是对作者劳动和创新的尊重，而且表示文责自负，还为日后成为文献资料，便于索引、查阅，提供了必要的依据。

1. 署名的形式

常见的论文署名形式主要有两种：一种是个人署名，这是最基本的一种形式；另一种是集体署名。

（1）个人署名。任何科学研究都是建立在个人努力的基础上的，科技学术论文在发表时理应尊重客观事实，反映个人所付出的劳动。这是个人署名形式依然存在的客观原因之一。另外，一项大的科研成果是由许多人的小成果组成的，大成果可集体署名，但小成果却可以独立地写成论文，署名形式自然被这种论文所采用。再则，现代自然科学实际上还存在着一些可以通过单独的科研活动来完成的项目，大体上说来，还是可以采取单独的科研活动来完成的。这是个人署名形式存在的又一原因。

（2）集体署名。现代科学发展的规模是空前的，科学研究已成为一种专门的职业，如果说 20 世纪中叶前，科学研究还是以个体的和自由式的研究为主，那么到了 20 世纪后期，这种情况逐渐发生了巨大变化，开始从个体的、自由式的研究向集体的合作式的研究过渡。这种集体研究的形式逐渐由小集体发展到大集体，由大集体发展到国家规模，又由国家规模发展到了国际规模。集体研究形式正在成为科学研究的重要形式之一，科技学术论文的集体署名也随之愈来愈多地出现。

集体署名有两种形式：①多作者的集体署名。多作者的论文署名有多达十几名，甚至几十名的。②团体或单位署名。团体或单位的署名形式，现在一般与个人的集体署名形式并存，但绝大多数只表示个人或集体作者的所在单位，较少数具有作者的意义。

2. 署名的原则

（1）实事求是原则。科技论文作为一种研究报告，常会遇到责任人的确认问题。署名，便是对所表述的成果占有权和责任承担者的申述。论文可以集体署名，也可以个人署名。署名的一个最基本的原则就是突出创造性，尊重客观事实，实事求是。

（2）杜绝弄虚作假原则。在全社会转向崇尚知识、重视科技的同时，不注重实际、弄虚作假的行为也比比皆是。在署名过程中，常有一些不正常的现象发生，如有的论文挂上名人或首长的名字以利于发表，或换取另一种形式的回馈、支持；有的则以权谋私，硬要在别人的论文上署名，不同意署名就重重设卡，从中阻挠；有人只对论文做过一点文字上的修改或尽过审稿人的责任，也要署上自己的名字；有的人奉送署名，助人晋升；有的一篇千字小文，却署上很多人的名字。这是与科学的求实精神格格不入的，应该予以抵制。

（3）作者与致谢对象加以区别的原则。署名时，当决定采用个人署名方式，若有较多人对课题的完成都有所贡献，此时就应当注意不要混淆作者和致谢对象。对于仅仅参加部分工作而又对全面工作缺乏了解的人，不应作为作者署名，他们应作为致谢的对象，列入文末的致谢部分。对于按计划分工做小项目工作的人，如负责某一测试的技术人员、接受委托或接受报酬负责某项分析、检验（或实验）观察的实验人员，均不应视为作者，但可作为参加人员，列入致谢部分。

多人合作的研究成果，其论文可共同署名。第一作者为论文的主要完成者，其他作者可按所做工作的多少和贡献大小来排列，但每位作者都必须了解整个研究工作的全过程。有时，课题提出者、研究方案的决策者或对成果负有解释权的责任者并非第一作者时，可作为通信联系人出现，并对论文也负有主要责任。总之，对于提出研究设想、指导研究工作并最后完成工作的人，或者完成主要研究工作和解决关键问题的人，均可作为论文的作者而共同署名。

（二）工作单位

论文署名时，为了方便与同行、读者的研讨与联系，有必要申述作者的身份、工作单位和通信地址。因此，作者的工作单位和通信地址是论文构成的必要项目之一。

表述作者工作单位和通信地址时，为了充分衬托出科技论文的科学性、严肃性和责任性，除不能使用笔名、化名外，还要承担接受同仁、读者质询、研讨和进行学术交流的义务。

四、摘要的写作

摘要是学术论文精华的高度浓缩，也是二次文献检索和数据库检索与收录的重要依据，其写作质量的好坏将直接影响到学术论文是否被选用、转载与收录。

（一）摘要的写作内容

摘要撰写内容大体有：①本课题研究范围、目的以及在该学科中所占的位置；②研究的主要内容和研究方法；③主要成果及其使用价值；④主要结论。

实验型学术论文的摘要除上述几个要素外，通常还包括研究对象。理论型学术论文摘要的写作则较为灵活，可依次表述其写作要素，也可视具体情形而定。

论文的研究目的是其探讨的主旨，可置于首句，也可置于末句，还可置于段中，常表述为"旨在研究""以期探讨"等形式。研究方法是指进行研究所采用的具体方法与手段，常用的有文献资料法、实验研究法、比较研究法、问卷调查法、数理统计法。主要成果是一篇论文的主要观点，从讨论与分析中得出，以成果表明的形式来反映。结论则是从主要成果或主要观点中提炼出来的，是一篇论文的最重要的观点，通常置于摘要的最后一两句。

（二）摘要的写作要求

按照不同的功能来划分摘要的类型，大体上可分为报道性摘要和指示性摘要。下面对这两类摘要的写作要求进行概述。

1. 报道性摘要

报道性摘要，亦称资料性摘要或情报性摘要，用于总结论文中的主要发现，向读者提供原文中的全部创新内容和尽可能多的定量或定性的信息。报道性摘要适用于科技论文、技术报告、会议报告等类文献。

报道性摘要能够比较详细地提供论文要点，使读者不必阅读原文即可了解论文的研究对象、工作目的、主要成果；与研究性质、方法、条件有关的各种信息；所提示对象的规律性、特点及现象的全部论据；所取得成果的技术性能、参数特性、使用范围等。因此它常被表达试验及专题研究类的科技学术论文，多被学术级别较高的刊物采用。

2. 指示性摘要

指示性摘要，也称概述性摘要或简介性摘要，只简单地介绍和点明论文的论题，或着重表现论文的目的，给读者一个指示性的概括了解，以便依据需要查找原文。

科技论文摘要的写作要求，除上述文字篇幅的严格控制外，在表述形式上要注意以下几点：

（1）称谓上宜用第三人称，少用第一人称、第二人称。基于摘要的特定含义和功能，摘要定义中明确指出了不能加注释和评论，无论作者是谁，对此均不应有所不同。摘要提供了一种可供读者阅读、供情报人员和计算机独立使用的文本，也决定了它不能使用第一、第二人称，必须使用第三人称。

（2）摘要的格式注意规范化。摘要的写作要尽可能采用专业术语而避免使用非专业术语。国际标准化组织及中国国家标准规定：摘要一般不用图表、化学结构式和非众所周知的符号和术语，也不能采用正文中图、表、公式和参考文献的序号，摘要的内容要尽可能避免与标题和前言在用词上明显的重复。

（3）遣词精练，达意准确，尽量使用句法结构简单的短句，便于理解。句子与句子之间要有一定的连贯性，力求衔接紧凑，逻辑性强。

（4）善于根据学术论文的类型、篇幅决定摘要写作的繁简。表述形式应有完整性，使读者看后如同读了一篇完整的小短文。摘要的篇幅不宜过短。

（5）研究目的、研究方法、主要成果和结论的撰写要做到详略得当。一般应着重介绍主要成果或主要观点，而结论的表述通常应做到言简意赅。

（6）中文摘要一般不宜超过300字；外文摘要不宜超过250个实词。如遇特殊需求需要字数可略多。

五、关键词的写作

（一）关键词概述

关键词，亦称说明词或索引术语，是从论文的题目、正文和摘要中抽选出来的，能提示（或表达）论文主题内容特征，具有实质意义和未经规范处理的自然语言词汇。

关键词主要用于编制索引或帮助读者检索文献，也用于计算机情报检索和其他二次文献检索。它不同于主题词，主题词是经规范处理的受控自然语言，已编入主题词表。

关键词可以是一个词也可以是一个词组，它来自论文内容。使用关键词时，可以查阅《汉语主题词表》或遵循国家标准《文献主题词标引规范》有关规定，做到用词统一化和规范化。

目前，许多科技学术期刊要求作者在中文摘要后附3~8个关键词，在英文摘要后附上对应的英文关键词。

（二）关键词的确定

论文关键词是从论文标题的题目及正文中抽取的有实质意义的表达文章主题内容的词或词组，是论文信息的高度概括，是论文主旨的概括体现。因此，要求选择的关键词必须能够准确恰当，真正反映论文的主旨。

选择关键词的方法如下：第一，认真分析论文主旨，选出与主旨一致，能概括主旨、使读者能大致判断论文研究内容的词或词组；第二，选词要精练，同义词、近义词不要并列为关键词，复杂有机化合物一般以基本结构的名称作关键词，化学分子式不能作关键词；第三，关键词的用语必须统一规范，要准确体现不同学科的名称和术语；第四，关键词的选择大多从标题中产生，但要注意，如果有的标题并没有提供足以反映论文主旨的关键词，则还要从摘要或论文中选择。要力求中、英文关键词的数量和意义的一致。一些新的、尚未被词表收录的重要术语，也应作为关键词提出。

（三）关键词的提取

提取关键词时可以从论文标题中提取，也可以从论文中提取。

1. 从标题中提取

论文的标题往往都是用最简洁、最恰当的词汇来表达论文的特定内容，包括论文中的主要信息点，如研究对象、研究方法等。采用从标题中提取关键词的方法能够全面、准确地反映论文的主题内容。

2. 从内容中提取

单从标题中选取关键词会造成部分信息丢失，进而不能完全反映文章所研究的全部内容。此外，在提取关键词时，还要注意作为关键词的词、词语要与论文主题概念保持一致。也就是说，文章标题中的用词、词语不能随便拿来标引为关键词，要经过思考是否符合文章的主题概念，否则读者不能确切了解文章的信息点，甚至造成误解。

六、引言的写作

引言，也称前言、导论、导言、绪论、绪言等，用于简要说明研究工作的目的、范围、相关领域的前人工作和知识空白、理论基础和分析、研究设想、研究方法和实验设计、预期结果和意义等。

引言的作用主要还是提示内容、启发思路、酝酿情绪。根据引言的这些作用，可以从三个方面研究引言的写作方法：①引言的写作应具有一定的启发性，能够开拓读者的思路。为使引言的写作达到这个目的，应该重视语言的运用，其中包括语法、修辞。②引言的内容按国家标准规定，主要是提示内容。这就决定了引言的写作必须提示写作意图、论题的中心或带有结论性的观点等，以此告诉读者这篇论文的写作目的、作者的论题以及其基本观点。③由于论文面对的对象（即读者）的知识结构、心理素质都有所不同，要进行交流就要有对象，需要著者有针对性地运用思维科学、心理学，从引言入手将读者吸引到论文中来，提高阅读兴趣。

七、正文的写作

正文是论文的主体，占全篇幅的绝大部分，其创造性和学术水平也主要是通过这一部分表达出来的。

（一）正文各部分的写作要求

1. 研究目的

研究目的部分要写得简明扼要，重点突出。一些实验性强的实验性论文，通常在写作过程中要先交代为什么要进行这个实验，通过这个实验要达到什么目的。对于一些涉及面比较广的课题，如果论文只写其中的某一方面，文内则要写清楚本文着重探索哪一方面的问题，并交代探索的原因、效果或方法。

2. 实验材料和方法

科研课题从开始到做出成果的整个过程都要用到实验材料、设备以及观察方法，实验性论文就要包括理论分析，实验材料、方法，实验结果及分析等几部分，在该阶段中，要把材料的来源、性质和数量，实验使用的仪器、设备、实验条件和测试方法一一交代清楚，这样别人可以充分进行同样的实验，以验证论文中提到的新发现的正确性和可靠性。

在进行材料说明时，如果采用的是通用材料、设备和通用方法，则只要简单提及即可，如果采用特殊材料和实验方法，则应该详细地加以说明。

3. 实验经过

实验经过也可以认为是实验的研究过程，或称实验操作程序（或步骤）等。在实验经过部分主要是说明制定的研究方案和选择的技术路线以及具体操作步骤，试验条件的变化因素及考虑的依据。这一部分在叙述时，不要求罗列实验过程，只需要叙述主要的、关键的方面，并说明使用的非常规实验设备和操作方法即可，以保证研究成果的规律性更加鲜明。如果需要引用前人已经用过的方法，则需要标出参考文献序号，对于其中需要改进的部分，则可对改进部分另加说明。

实验经过的叙述通常采用研究工作的逻辑顺序，抓主要环节，从复杂的事物中，理出脉络，按其发展变化顺序写。同时，在写作过程中还需要注意所述实验程序的连贯性，从成功与失败、正确与谬误、可能性和局限性等方面加以分析。

4. 实验结果与分析

实验结果与分析部分是整篇论文的重中之重，由此可以判断实验成败。在这一部分中，应该充分进行表达，并且采用表格、图解、照片等附件。在论文中，附件起到了节省篇幅和帮助读者理解的作用。

实验结果与分析也可称为"讨论"或"各种因素分析"，具体内容包括：①主要的原理或概念；②实验条件，尤其是目前依靠人力所未能解决的问题要讲明；③研究的结果与他人研究结果相同或不同的地方需要讲明，突出研究中自己的新发现或新的发明；④解释因果关系，对其必然性和偶然性进行论证；⑤提出本研究中尚存在的问题或者疑问，做进一步的探索研究。

对上述内容进行分析时，还需要根据各个问题的相关性、因果关系及一些例外或相反的结果妥为排序论述。

（二）正文写作注意事项

1. 正文的层次安排

正文是表达作者思想观点最重要的部分，为了使表达的意思更清晰，正文必须分成若干个层次来写。科技论文中题名及层次标题的书写格式要依指定的标准。不同的刊物、场合和对象有不同的要求。科技报告、论文采用六级层次题名，1~4级采用阿拉伯数字分级编号，各级间数字右下角加圆点。采用小标题对正文进行分层时，每层的小标题均可以采用阿拉伯数字连续编号。编码的两个数字之间用"."分隔开，末位数字后面则不加圆点。所有的编码均左顶格书写，左后一个序数码之后空一个格写标题。

当用小标题对正文分层时，每一层次一般不超过4级，最后一级内如果还要分层可用"（1）"的形式表述。

正文的层次不论是分成若干个自然段，或是用小标题进行表述，都要注意层次之间的逻辑关系。

2. 语言简洁，实事求是

试验与观察、数据处理与分析、实验研究结果是正文的最重要组成部分，对于这些数据要尊重事实，在资料的取舍上不应该随意掺入主观成分，或忽视偶发性现象和数据。科技论文的写作不要求有华丽的辞藻，但必须保证：①思路清晰，合乎逻辑，用语简洁准确、明快流畅；②内容务求客观、科学、完备，要尽量用事实和数据说话；③凡是用简要的文字能够讲解的内容，应用文字陈述。

在论文中，能够由表或图来陈述的，要保证这些表或图具有自明性，即其本身给出的信息就能够说明欲表达的问题。数据的引用要严谨确切，防止错引或重引，避免用图形和表格重复地反映同一组数据。资料的引用要标明出处，以示对原作者的尊重和对论文的负责。

八、结论的写作

结论是对全篇论文的归纳，起着画龙点睛的作用。一般来说，读者选读一篇论文的时候，先看到的是标题、摘要、前言，然后再看结论，最后才决定是否阅读。可以说，结论的写作也是论文中很重要的部分。

（一）结论的写作要求

在撰写科技论文的结论时，应当保证概括准确，措辞严谨，明确具体，简短精练，明确地提供定性或定量信息。一般来说，撰写时应考虑几方面的问题：①抓住本质，揭示事物发展的客观规律和内在联系；②重点突出，观点鲜明；评价要恰当，不得超出论文正文所涉及的范畴；③文字精练准确，不要重复前面的结果与分析，不要使用"大概""可能""大约"之类的模棱两可的词，得不出明确的结论时，要指明有待进一步探讨的问题；④结尾一般都很短。10000字以下的论文，其结尾通常只有300～500字，甚至更少，而且多数是采用条款的形式；⑤进一步研究的问题，可通过展望的形式表达出来。

（二）结论写作注意事项

写科技论文结论时要求如实具体写清楚经审查核对后的实验观察数据资料的结果。结果的中心内容是经过科学地统计学处理得来的数据，这些数据要求能够客观、完整和可靠地反映实际结果，并且所有的结果项目，均要围绕研究主题有逻辑、有层次地展开，与主题无关的部分不宜全部列出，但在材料与方法中列出的项目与标准，在结果中必须反映出来，并且要吻合一致。

科技论文中，结论部分应注意几个问题：①在前文的基础上得出结论。②避免与摘要重复。摘要写是论文的全面概括，重点在于创新点、新思路、新方法；结论是关于理论方法创新后的"先进点"的全面总结。③数学公式、图表等内容不应出现在结论中。④结论性内容要上升到一定高度，要强调论文的先进性。⑤应给出论文局限性的说明。即当前论文中没有解决的问题，并给出后续研究工作的展望。⑥如果论文得不出明确的结论，则可对论文观点进行总结，结论部分的层次标题为"结束语"。在总结中，提出建议、研究设想以及尚待解决的问题。

九、参考文献的写作

（一）参考文献的加注的方法

论文中参考文献的加注方法主要有三种：①夹注。又称为段中注，在正文中对被引用文句在相应位置标注顺序编号并置于方括号内。在参考文献著录部分其编号与正文部分对参考文献的完整记录内容顺序一致。②脚注。在被引用文章出现的当页位置加注顺序编号并置于括号内。同时，在当前页正文下方编排相应编号参考文献的完整记录。③尾注。将所有需要记录的参考文献顺序编号后，统一集中记录在全文的末尾。

（二）文内参考文献的标注方法

在正文中引用了参考文献，就要在正文中涉及他人成果相应的地方做一个标记，见到这个标记，读者就知道在这里引用了参考文献；按照这个标记在参考文献表中就能找到刊登这个成果的详细信息。正文部分引用文献的标注方法可以采用著者—出版年编码制，也可以采用顺序编码制。顺序编码制是将文章正文部分所引用文献按出现的先后顺序连续编码，并将序号置于所引内容最末句的右上角的方括号中。在同一处引用多篇文献时，只需在方括号内按从小到大的顺序列出各篇文献的序号，序号间用逗号隔开。如遇连续序号，用"～"标注起讫序号。当提及的参考文献为文中直接说明时，其序号应该与正文排齐。需要注意的一点是，通常情况下在各级标题处不设置引用文献标注。

（三）文后参考文献的著录格式

1. 文献类型标识

印刷文献类型标识：A—析出文章，M—专著，C—论文集，N—报纸文章，J—期刊文章，D—学位论文，R—研究报告，S—标准，P—专利，Z—其他。

电子文献类型与载体标识：DB—数据库（data base），CP—计算机程序（computer program），EB—电子公告（electronic bulletin board），MT—磁带，DK—磁盘，CD—光盘，OL—联机网络，DB/OL—联机网上网数据库，DB/MT—磁带数据库，M/CD—光盘图书，CP/DK—磁盘软件，J/OL—网上期刊，EB/OL—网上电子公告。

2. 格式与排列

参考文献著录规则规定各个著录项目之间必须有识别符，形式与中文或外文的标点符号相似，但又不同于标点。标点是用在句子末尾或中间，而著录识别符则标注在著录项目之前，起着指示作用，并且与著录项目一一对应。同时也用于利用计算机检索时的一种识别码。例如，出版者前的识别符为"："，题名（篇名）前的识别符为"．"，出版年前的识别符为"，"，而著者前则不加任何识别符。根据《GB/T 7714—2015 信息与文献 参考文献著录规则》相关内容，现将参考文献的格式表述如下。

著录格式中所有的著录事项前后顺序都是固定的，出版者不能标在篇（题）名前，著（译）者也不能放在出版年后。如果某些事项省略，则其对应的标识符也相应省略。

专著的著录格式：

［序号］著者. 书名［文献类型标识］. 版本. 出版地：出版者，出版年：起止页码.

如果该书是第1次出版的，版本项可省略，如果是第2版的，版本项著录为"第2版"。

对于多作者的文献著录，当作者为3人或少于3人的，应全部著录，名字直接用逗号隔开；若作者人数超过3人的，则只写3个人的姓名，后加"等"；外国作者则3个人姓名后加", et al"。欧美作者的人名，名在前，姓在后，姓的首字母大写。

期刊论文的著录格式：

［序号］作者. 题名［文献类型标识］. 其他责任者. 刊名，年，卷（期）：起止页码.

学位论文的著录格式：

［序号］作者. 题名［D］. 保存地：保存者，年份.

会议论文的著录格式：

［序号］作者. 题名. 会议名称，会址，会议年份.

专利文献的著录格式：

［序号］专利申请者. 专利题名［文献类型标识］. 专利国别，专利号. 出版日期.

技术标准的著录格式：

［序号］起草责任者. 标准代号标准顺序号—发布年标准名称［文献类型标识］. 出版地：出版者，出版年（起草责任者. 出版项可以省略）.

论文集中论文的著录格式：

［序号］作者. 题名［文献类型标识］//编者. 文集名. 出版地：出版者，出版年，起止页码.

网络文献的著录格式：

［序号］主要责任者. 题名. 电子文献的出处或可获得地址，发表或更新日期/引用日期.

3. 参考文献的写作需要遵循的原则

参考文献的写作需要遵循一些基本原则，具体有：①所选用文献应是与论文主题紧密相扣、密切相关的最主要的文献；②文献必须是亲自阅读过，若为间接引用（即转引某篇论文的引文），需要提及该中间论文；③最好不引用专利、一般会议论文、普通书籍（如大学教材等）以及网络文献；④优先引用最新发表的同等重要的论文；⑤若非必要尽量避免过多地引用作者自己的文献；⑥避免阅读的是中文文献，引用的是外文文献；⑦确保文献各著录项（作者姓名、论文题目、期刊名称、专著名等）正确无误；⑧参考文献的编写需遵循拟投稿期刊的体例要求。

十、辅文部分的写作

（一）致　谢

一项科学技术研究并不是一个人能够单独完成的，往往还需要其他人的合作与帮助，当研究的成果以论文的形式发表时，作者应当对这些人的劳动给予充分的肯定，并对他们表示感谢。

"致谢"中可以列出标题并冠以序号，如"致谢"放在如"结论"段之后，也可不列标题，空1行置于"结论"段之后。致谢的对象包括研究中直接提供过资金、设备、人力以及文献资料等支持和帮助的团体和个人。具体的范围为：①曾经帮助过本项研究又不符合论文作者署名条件的团体或个人，以示作者对别人的劳动成果的尊重和感激之情。②在本次科研工作中给予指导或提出建议的人。③对本项研究工作给予经费、物质资助的组织和个人。④承担部分实验工作的人员；对论文撰写提供过指导或帮助的人。⑤提供实验材料、仪器设备及给予其他方便的组织与个人。⑥为本项研究承担某项测试任务。⑦绘制插图或给予过技术、信息等帮助的人。

（二）项　目

对于那些属于获奖成果、基金项目、重大课题的论文，应写出其名称（包括编号），编排在篇首页下方。例如，基金项目：国家自然科学基金资助项目（59179377）；教育部博士点基金资助项目（9800462）。一般的专业学术期刊，对于国家基金项目、获奖项目的课题，都是优先采用的。

（三）作者简介

第一作者简介：姓名（出生年月—　），性别（民族），籍贯（省区市），职称，学位，主要研究方向，电子通信地址。

（四）注　释

论文中的注释常用于解释题名项、作者及论文中的某些内容。能在行文时用括号直接注释的，尽量不单独列出。

不随文列出的注释叫作脚注，常用圈码①、②、③等作为标注符号，置于需要注释的词、词组或句子的右上角。每页均从数码①开始，当页只有一个脚注时，也用①。注释内容应置于该页地脚，并在页面的左边用一条短细水平线与正文分开，细线的长度为版面宽度的 1/4。

（五）附　录

附录是论文主体的补充项目，不是论文的必要组成部分，主要用在不增加文献正文部分的篇幅和不影响正文主体内容叙述连贯性的前提下，向读者提供论文中部分内容的详尽推导、演算、证明、仪器、装备或解释、说明，提供有关数据、曲线、照片或其他辅助资料。

附录段包括的材料大致有：①比正文更为详尽的理论根据、研究方法和技术要点更深入的叙述，建议可以阅读的参考文献题录，对了解正文内容有用的补充信息等。②由于篇幅过长或取材于复制品而不宜写入正文的资料。③不便于写入正文的罕见珍贵资料。④一般读者并非必须阅读，但对本专业同行很有参考价值的资料。⑤某些重要的原始数据、数学推导、计算程序、框图、结构图、统计表、计算机打印输出件等。

附录段置于参考文献表后，依次用大写正体 A、B、C……编号，如以"附录 A""附录 B"等做标题前导词。

第三节　毕业论文的写作

毕业论文是高等院校应届毕业生在教师指导下按学术论文标准独立完成的总结性、习作性文章，是对学生掌握专业知识情况、分析问题和解决问题的基本能力的一次全面考核。

毕业论文通常要求本科以上的学生在毕业之前，在教师指导下独立完成，体现为文本形式。毕业论文要求学生在最后一学期撰写完成并参加论文答辩。

一、毕业论文的特点

毕业论文的特点，具体来说有以下几个。

（1）习作性。学生撰写毕业论文就是运用已有的专业基础知识，独立进行科学研究的活动，分析和解决一个理论问题或实际问题，把知识转化为能力的实际训练。写作的主要目的是为了培养学生具备综合运用所学知识解决实际问题的能力，为将来作为专业人员写学术论文做好准备。因此可以说，毕业论文实际上是一种习作性的学术论文。

（2）规范性。毕业论文的规范性是指毕业论文的写作已经形成了统一的格式要求，而且在当前这些格式已经规范化和标准化。

（3）层次性。由于受各方面条件的限制，本科学生撰写的毕业论文质量相对较低，多数学生的科研能力还处在培养形成阶段，一般学校都把毕业论文安排在最后一个学期，而实际上停课写毕业论文的时间仅为十周左右，对于正在学习的大学生来说，在如此短的时间内撰写高质量的毕业论文是非常困难的。而随着年龄的增长、所学知识的增多，硕士生、博士生的毕业论文质量显著提高，所以说，毕业论文具有层次性的特点。

（4）指导性。毕业论文作为大学毕业前的最后一次作业，离不开教师的帮助和指导。对于如何进行科学研究、如何撰写论文等，教师都要给予具体的理论和方法上的指导。可以说，毕业论文是在教师的指导下独立完成的科学研究成果。

（5）科学性。毕业论文的论题必须正确，论据必须可靠，应用的材料必须准确，论述必须具有逻辑严密性，这是其科学性的表现。

（6）独创性。毕业论文要求应届毕业生在本专业范围内对选题有自己的独到见解，强调选题和表达的新颖性、实践性，要求综合运用学习阶段各门课程涉及的理论、知识和方法，对所选择的课题进行反复地研究，独立地将研究成果通过学术论文的形式呈现出来，因此说毕业论文具有独创性的特点。

二、毕业论文的写作格式

毕业论文主要由以下几个部分组成。

（一）封　面

封面是毕业论文的外表面，提供有关信息，并对毕业论文起保护作用。在封面中应包含标题、所属学校、系别、专业、学号、姓名、指导教师及职称、成文日期等。

（二）英文内封

英文内封是中文封面的英文翻译版。目前，越来越多的高校在毕业论文上除了有中文封面外还加上了英文内封。

（三）题名页

题名页是对学位论文进行著录的依据，内容包括封面，并比封面内容更为详细。

（四）原创性声明和使用授权书

毕业论文的原创性声明和使用授权书必须由论文作者及其指导教师亲笔签名并填写日期。

（五）中英文摘要

摘要即内容提要，一般应说明研究工作目的、实验方法、结果和最终结论等，而重点是结果和结论。中文摘要一般不宜超过 300 字；外文摘要不宜超过 250 个实词。选用词语要避免与全文尤其是前言和结论部分雷同。"摘要"字样，用黑体小三号。摘要正文，用宋体小四（英文用 Times New Roman 12 号）。

（六）关键词

关键词，又称"主题词"，一般书写在摘要下面。它是指用来表达论文主题内容信息的词语或术语，其目的是为了给文献检索提供方便。一般来说，一篇毕业论文的关键词为 3～8 个。关键词的选取不能仅限于论文题名（即题目），还需要从论文的摘要和正文中选取。

（七）目　录

目录标题采用章节标题的格式，其表述应简明扼要，表意准确，尽量避免使用冗长的句子。目录一般标示三级标题，不要太烦琐。毕业论文的目录在标题之后，应标明页数，便于阅读，从而能够快速掌握论文的主要内容。

（八）主体部分

论文的总体结构可以分成绪论、正文和结论三部分。

（1）绪论。又称"引论"，是毕业论文的开头部分，主要介绍论文写作的目的、现实意义、对所研究问题的认识，并提出论文的中心论点，有时也简单介绍研究方法、材料的依据等。要交代清楚，写的提纲挈领、简明扼要，最好起句切题、开门见山，而后由浅入深、由简到繁。

（2）正文。正文是全文的主体，就是通过论据对自己提出的问题、观点进行分析、论证。在结构上至少由三章构成。论文的好坏，关键要看作者是如何在论文中支持自己的观点的。在写作过程中，注意不要重复绪论中的内容，也要尽量避免重复专业读者已知的知识。在正文的写作过程中，要注意使用文献引证、脚注和附录，以保证论文有高度的紧凑性、流畅性、严密性和易读性。

（3）结论。结论是在文章结尾时对文章的论点、结果进行的归纳与总结。一般说来，结论包括以下内容：第一，以精练的语言报告研究所得到的结果或通过研究而提出的观点；第二，同类研究结果的异同；第三，研究结果对于理论和实践的意义；第四，对于未来研究方向的建议或预测。

（九）参考文献

凡有直接引用他人成果（文字、数据、事实以及转述他人的观点）之处的均应加标注说明列于参考文献中，按文中出现的顺序列出直接引用的主要参考文献。参考文献书写格式应符合国家规范。非正式出版物不必列出。

（十）附　录

对需要收录于学位论文中但又不适合书写于正文中的附加数据、方案、资料、详细公式推导、计算机程序、统计表、注释等有特色的内容，可作为附录。此外，学位申请人在攻读学位期间所获得的各种奖励、发表的学术论文、取得的研究成果等也可以置于毕业论文后的附录部分。一般附录的篇幅不宜过长，否则，会让人产生头轻脚重的感觉。

（十一）致　谢

致谢应以简短的文字对指导教师和在学术方面对论文的完成有直接贡献及重要帮助的团体和人士，以及给予转载和引用权的资料、图片、文献、研究思想和设想的所有者表示感谢。致谢中还可以感谢提供研究经费及实验装置的基金会或企业等单位和人士。致谢的文字要简洁、实事求是，切忌浮夸和庸俗之词。

三、毕业论文的写作要求

第一，撰写毕业论文必须坚持理论联系实践的原则。在选题和观点上都必须注重联系社会实践，密切注视社会生活中出现的新情况、新问题。

第二，毕业论文的立论要科学。科学研究的作用就在于揭示规律，探索真理，为人们认识世界和改造世界开拓前进的道路。判断一篇论文有无价值或价值之大小，首先是看文章观点和内容的科学性如何。

第三，毕业论文的观点要创新。毕业论文虽然着眼于对学生科学研究能力的基本训练，但创新性仍是其着力强调的一项基本要求，创新是其价值所在。

第四，毕业论文的论据要翔实。旁征博引、多方佐证，是毕业论文有别于一般性议论文的明显特点。

第五，要处理好研究与撰写的关系。研究是写作的前提和基础，没有认真的研究就很难形成科学的成果，没有成果就没有论文。而仅有成果不会表达，也形不成论文。所以，既要重视研究工作，还得掌握论文的结构、语言等，以便把研究成果科学地表述出来。

第六，要处理好个人与指导老师的关系。毕业论文的撰写，要自己动脑、动手，广泛搜集材料，认真调查研究，合理安排结构，处理好观点和材料的关系，严密论证、科学表决，在教师指导下独立完成写作，而不能一味地依赖教师。

第四节 实验报告的写作

一、实验报告的概念

实验报告是指在科研活动或者专业学习中实验者在进行某项实验操作之后把实验的目的、方法、过程、结果等记录下来，经过整理写成的书面汇报。它作为一种科技报告，是从事科学实验的人向社会或他人公布、告知自己实验成果的一种总结性文字。

实验报告必须在科学实验的基础上进行，成功的或失败的实验结果的记载，有利于研究资料的不断积累，能够提高实验者的观察能力、分析问题和解决问题的能力，培养理论联系实践的学风和实事求是的科学态度。

二、实验报告的特点

实验报告的特点，概括来说主要包括以下几个。

（1）客观性。实验报告要在尊重客观事实的基础上进行试验，并做真实的记录，在记录过程中绝不能带有任何主观偏见和个人好恶。

（2）准确性。实验报告的实验原理、方法、数据以及结论都是正确无误的，同时也要求实验报告的表述也必须是准确无误的，一定要经得起别人的验证。

（3）确证性。确证性是指实验报告所得出的结果可以让任何人在任何地方按照给定的条件去重复这个实验，并且能够看到和实验报告同样的现象并且得出同样的结果。

（4）可读性。可读性是指报告的写作符合各类自然语言的语法规范要求，要求作者具有简洁明晰的写作风格，流畅上口，通俗易懂。

（5）公正性。做实验的人不能带某种对自然现象的偏见去观察和理解实验现象，而要实实在在地观察和记录实验，因为任何一点先入为主的看法都会影响报告结果的公正性。

三、实验报告的种类

实验报告一般可以分为创新型实验报告和验证型实验报告两种。

创新型实验报告在实验过程中所用到的东西都是新的，而且得到的结果也是新的，它带有一定的探索性。

验证型实验报告是按照别人的实验思路来重复实验目的，是为了熟悉实验的过程和方法。

四、实验报告的写作格式与要求

（一）实验报告的写作格式

科学实验报告一般都包括下列各项内容：标题、作者及单位、摘要、引言、主体、讨论、结果、参考文献。

1. 标　题

实验报告的标题一般是由研究对象和文体名称组成。标题的写作一定要揭示实验的对象，使读者一目了然。

2. 作者及单位

报告起草人要将参与实验的科技人员的单位、姓名，按照主次顺序一一写明，这是为了维护科技工作者的合法权益，便于科技信息交流。

需要注意的是，有的实验是以课题组的名义进行的，那么署名就必须为课题组的名称，而不能以个人代替课题组。

3. 摘　要

摘要是写在作者下面的一段文字。内容包括实验报告中突出的若干结论，并不加任何说明。有的报告还概括地阐明实验方法。

4. 引　言

引言，也叫前言或导语，是实验报告开头的部分，包括实验的对象、意义、作用、结果和存在的问题等。通过引言，读者能够对实验对象的有关情况有所了解。

5. 主　体

实验报告的主体部分包括以下内容。

（1）实验原理。实验原理从理论上说明和计算实验的可行性，介绍实验涉及的科学定律、公式和由此推导的实验结果，为实验奠定理论基础。

（2）实验设备和装置。写作中要介绍清楚主要设备的原理、结构、性能、型号，对重要的设备或依据设计安装的实验装置作详细的说明，并给出装置图。介绍自制设备时须附图表。

（3）实验方法。叙述实验过程时要具体介绍重要的实验方法、实验条件和实验要求，并以实验原理图、流程图、电路图等辅助说明。

（4）实验结果。主要是分析论证实验结论的正确性，通过对实验数据的具体分析、计算及有关图表的处理，得出科学的结论。可以通过以下三种方法来表述实验结果。

① 文字叙述。根据实验目的将原始资料加以整理，再用准确的专业术语客观地描述实验现象和实验所得出的结果，在描述的过程中要有时间顺序，要突出各项指标在时间上的关系。

② 曲线图。曲线图的使用，可以使在实验过程中的指标变化趋势形象生动、直观明了。

③ 图表。这种方法主要应用于分组较多且各组观察指标一致的实验。注意每一图表应该有表目和计量单位，并且要说明一定的中心问题。

在实验报告中，可以选取其中一种或几种方法并用，以获得最佳的效果。

6. 讨 论

实验结论是对实验结果的肯定，也是针对这一实验所能验证的概念、原理的简明总结。对实验结论的概括一定要简练、准确、严谨、客观。

7. 结 果

用简洁、肯定的语言分条叙述实验的结果。

8. 参考文献

如果实验报告中引用了他人的科研成果，要在文章的最后面详细列举出在实验中所用到的参考资料。

（二）实验报告的写作要求

实验报告的写作要求包括以下几个方面。

第一，做实验时，要认真仔细地观察发生的各种现象，分析各种现象发生的原因，对于实验的内容要如实记录，保证实验报告的客观性。

第二，实验报告是实验过程和结果的记录，在说明时要准确地介绍实验的原理、方法、步骤、结论等，说明要准确，层次要清晰，脉络要清楚。

第三，实验报告的文字表述要简洁明白，尽量采用专业术语，避免模棱两可和产生歧义的现象，使文字表述科学、明确。

第四，实验前一定要弄懂实验原理，熟悉仪器设备，掌握操作方法。实验中一定要按步骤操作，细心观察实验对象，正确测取数据，认真做好记录。

第五，写实验报告要认真严肃，遵循科学性的原则。

第六，应充分利用图表等辅助手段来表达实验结果，它们比文字叙述更直观简洁。

第十章 新兴文书理论分析及其写作实践研究

随着社会的不断进步、互联网络的高速发展以及通信技术的广泛应用，一些不同于传统文书的新兴文书逐渐出现。本章即对这些新兴文书写作的相关知识进行简要阐述。

第一节 新兴文书简述

一、网络的普及推动了新兴文书的兴起

网络是由节点与连线构成，是不同对象间的相互联系。网络在不同领域有不同的意义：在数学领域，网络一般指代加权图；在物理领域，网络是基于某种相同类型的实际问题而抽象出来的一种模型；在计算机领域，网络被定义为一种虚拟平台，主要用于信息传输与接收。总体而言，人们运用网络可以连接各个点、面、体，实现资源的共享。因此，网络在人类生活中有着十分重要的作用。目前，网络的发展日益迅速，人们的生活工作都离不开网络这一媒体。

网络技术是通信技术与计算机技术相结合的产物，其促讲人类迈入新的生活方式，并对人们固有的生活方式、思想观念等进行冲击与改变。

网络技术这一术语最早源于美国军事领域的 APPANET，是通信技术与计算机技术相结合的产物。1970 年早期，美国政府发现了网络具有巨大的潜能，因此将网络从军事领域扩大到民用领域，主要用于商业贸易与交流。因此，APPANET 与其他网络进行联合，形成了现如今我们所说的 Internet。

Web 是一种以 Internet 为基础的计算机网络连接技术，它允许用户在一台计算机上通过 Internet 存储另一台计算机上的信息，这是网络世界得以建立的基础。从技术角度讲，网络是 Internet 上那些支持 WWW 协议和超文本传输协议 HTTP 的客户机与服务器的集合，通过它可以存取世界各地的超媒体文件，内容包括文字、图形、声音、动画、资料库以及各式各样的软件。这也使得任何新的

计算机都可以将散落在网络空间的各种信息进行无缝对接与组合，形成新的站点和内容。超文本、超链接、超媒体是 Web 技术的重要表现形态。

信息的聚合与搜索 Web 1.0 指 Web 的第一代实用技术形态，始于 20 世纪 90 年代，其主要使用静态的 HTML 网页来发布信息。2004 年，欧雷利媒体公司副总裁戴尔·多尔蒂在一次会议上将互联网的新动向用"Web 2.0"一词进行阐述。随后，公司首席执行官蒂姆·欧雷利组织了一场头脑风暴，描述了 Web 2.0 的框架。由此，Web 2.0 这一词汇成为新媒体受众探讨的关键词并逐步走向主流。

此后，一系列关于 Web 2.0 的相关研究与应用迅速发展，Web 2.0 的理念与相关技术日益成熟，使得 Internet 的应用在变革与应用的基础上得到进一步的创新发展。BBS、博客、威客、维基百科等新兴网络传播形态应运而生。Web 2.0 是 Web 1.0 的技术升级与产品优化，它在 Web 1.0 的基础上着重发展了互联网用户之间强有力的互动。在 Web 2.0 时代，用户不仅可以获取信息，还可以交换信息、反馈信息。这样，普通用户不仅仅是信息的接收者，也是信息的制作者。在网络信息的传播使用过程中，信息的接收者成为信息的参与者、互动者、分享者，传播主体由原来的单一性变为多元化；草根阶层与精英阶层实现了真正意义上的对话与交流。信息及文件的共享成为 Web 2.0 发展的主要支撑和表现。Web 2.0 模式大大激发了用户创造和创新的积极性，使 Internet 变得更加生机勃勃。Web 3.0 是 Web 2.0 的升级版，它在纵向上延展了 Web 2.0 的技术范畴与传播维度。早在 Web 2.0 的概念被媒体广泛关注之时，Web 3.0 的设计就已开始。

总之，媒介技术的发展在不断地服务于人类社会的需要。Web 1.0 满足人们对信息的需求；Web 2.0 解决了人与人之间的交往与互动；Web 3.0 深化了互动机制，不断满足人们对现实世界的虚拟体验以及仿真模拟的需求。从 Web 1.0 到 Web 3.0，不仅是网络技术和网络应用的发展，也是信息传播途径及传播方式的革命性变化。在传统社会中，人们依赖书籍、报刊及广播电视来传播和接收信息，网络技术的发展为人们提供了另外一条途径，这场信息传播的变革当然不可避免地对以报刊和广播电视为代表的传统媒体形成了巨大冲击。

这种根据网络技术发展形成的信息传播新途径足以同任何一种传统媒体形式相提并论，于是人们自然地开始用新媒体这个概念来形容和概括这种新形态。

网络技术将分布在世界各地的计算机进行连接，在网络管理软件、操作系统等的辅助和协调下，实现各个计算机的通信互联，实现资源共享与信息传递。网络技术具有如下几点特征。

（1）虚拟性。如前所述，很多人将网络技术定义为一种虚拟空间，因此网络技术具有虚拟性，其有着虚拟的空间环境，也有着虚拟的个人。

首先，网络空间环境的存在是一种虚拟无形的状态，是基于现实的空间环境而建立起来的。通过网络技术，人们可以交换信息、交流思想，接触文字、声音、图片等并对其进行加工，最终给人以身临其境之感。因此，网络技术的虚拟性并非无中生有的，是一种客观存在的事实。

其次，人们可以通过网络技术使用虚拟的身份与他人进行交往与沟通，也可以选择自己喜欢的角色进行角色扮演，还可以从自己的喜好出发选择适合自己的交往对象，尝试一种在现实生活中无法体验到的新的生活。

（2）开放性。随着网络技术的快速发展，人们有了全方位的、四通八达的交往平台。网络技术分散于世界上的各个角落，无论人们处于何地，都可以享受到网络带来的便捷。通过网络技术的应用，人们对自己传统的交往方式进行改变，逐步进入一种全新的非集中化的人际交往模式。随着网络技术在人们生活的方方面面得以渗透，人们的交往方式也突破了时空的限制，任何地域、任何国籍的人们都可以摆脱地域、身份、职业等的限制和制约。通过网络人们可以自由地表达自己的思想和观点，并充分应用广阔的信息资源。

（3）互动性。当人们与他人进行交往时，网络技术的出现为人们提供了一种新的交往形式。以前，传统的通信工具使得信息资源的接收与发送是单向流动，而网络技术的出现使得信息资源的接收与发送呈现互动流通。

在虚拟的网络空间中，人们很容易找到他人进行聊天，也可以自主创建微博，与他人分享自己生活的点点滴滴。通过网络他人可以了解自身的想法，自己也可以了解他人的想法，并对他人的观点进行评论，随时随地地发表自己的观点。可见，在网络技术环境下，人们可以更深层次地进行交往，同时具备信息资源的提供者、生产者、消费者与传播者的综合身份。网络技术的互动性也使得人们的交往兴趣更为高涨，刺激人们的参与欲望，扩大交往范畴，提高信息的价值。

二、电脑/手机是新兴文书写作现代化的重要标志

如今，人类已经进入电脑、手机5G网络的时代，电脑/手机写作已经普及，几乎人人都在使用电脑/手机写作。但是，高校学生仍然需要认识到从用毛笔、铅笔、钢笔、圆珠笔等手写到用电脑/手机输入写作，这是中文（汉语）写作跨时代的飞跃。是否使用电脑/手机写作，是衡量一个中文（华文、汉语）写作者是否现代化的重要标志。不过，今天仍然有少数的作家还在用传统的毛笔、钢笔、圆珠笔创作诗文，如2012年11月获得诺贝尔文学奖的莫言至今未用电脑而坚持用传统的纸笔写作，自有其用笔习惯和其他多种原因，不必强行改变。

中文写作者使用电脑写作是从20世纪80年代开始的，当时称为"换笔"。此后，用电脑写作的人越来越多。而随着智能手机的普及，手机写作也成为时尚。

可以说，21世纪，人类进入电脑/手机/网络的写作时代。3G和4G手机的相继出现，既给传统媒体带来前所未有的挑战，也给传统媒体提供了一个全时陪伴受众的媒介渠道。面对已经到来的5G时代，所有媒体都必须使出浑身解数，利用手机这一平台"跑马圈地""黏"住用户。传统媒体与移动新媒体如何互相取长补短，为受众制作高品质内容，写作者与媒体传播者的融合之路如何不断向前发展，都需要写作者和媒体传播者持续不断地关注、研究和实践。

今天，每个写作者都应顺应时代潮流，早日将手中的笔换成电脑/手机来"写"。不仅可用五笔、拼音、自然码、区位码等输入法手"写"，而且还可用语音输入法来"写"，通过网络传送书信、互换信息、投寄文稿、发文评论，做一个电脑/手机写作的网络时代潮人、达人。

第二节　新媒体类应用文的写作

一、电子邮件的写作

电子邮件（E-mail），是指通过一定的通信网络在两台或两台以上计算机或终端间进行电子文本信息传输交换的一种技术。

（一）电子邮件的特点

与传统的信件相比，电子邮件具有以下几个特点。

（1）行款格式简约化。在电子邮件中，寄信人、收信人、写信时间等许多成分都可以由电子邮件系统自动完成，所以在写电子邮件时就没有必要像传统信件一样有着强烈的行款格式意识。收发件的双方看重的都是邮件的内容。

（2）文本内容个性化。电子邮件文本的写作可以说完全体现了自由的特点。你可以长篇大论，也可以寥寥数语。在表达上可以是比较正式的书面语，也可以是很随便的口语，甚至是隐语、悄悄话。只要将所要表达的意思说明白即可。

（3）附加信息多元化。目前，电子邮箱的存储量巨大，人们可以利用这个空间传递信息、文字、图片、声音等，随着服务的完善与收费制度的普及，电子邮件所能加载的信息容量与品种一定是越来越多的。

（二）电子邮件的优势

与传统信件相比，电子邮件的优势主要有以下几个。

第一，使用方便，费用较低。

第二，即写即发，节省时间。

第三，可以面向多个用户同时群发信件。

第四，容量大，支持图片、动画、声音等各种多媒体文件格式。

第五，具有档案管理功能。

（三）电子邮件的结构

以目前世界上广泛应用的互联网络 Internet 的电子邮件格式为例，它由以下几个部分组成。

1. 主 题

电子邮件一定要注明主题，因为有许多网络使用者是以主题来决定是否继续详读信件内容的。

2. 收件人

在传送电子讯息之前，一定要确认收信对象是否正确，以免造成不必要的困扰。

3. 抄 送

在必要和确定的情况下，抄送给相应需要知道进展情况的人员。确认抄送讯息的对象，并将人数降至最低。

4. 结 构

电子邮件的内容力求简明扼要，并求沟通效益。一般信件所用的起头语、客套语、祝贺词等，在线沟通时都可以省略。但称呼、正文、结束语、落款／签名四点要尽量完整。

（1）称呼。为了让对方感觉更加友好，最好加上收件人的姓名，如果知道对方的性别可以在对方姓名后加上先生、小姐、女士等称谓；如果知道对方的身份可以在对方姓名后加上总经理、经理、董事长等职位以示尊敬。

（2）正文。正文做到主题明确、语言流畅、内容简洁。在撰写正文时要注意以下几点：第一，在撰写英文信函时，只对一两个词进行大写以示强调。在撰写中文的时候，只对部分以示强调的词采用加粗等方式；第二，不要在信件中发泄不满，应面对面地解决问题；第三，在收件人明白其意时，才可使用俚语或缩写；第四，摘录的原文内容应放在回复内容后面为宜；第五，如果有附件，应该在正文处说明附件的内容和用途。

（3）结束语。结尾应显示诚恳。

5. 落款/签名

在邮件中应该有落款/签名，以示身份。

（四）电子邮件的写作要求

在撰写电子邮件时需要注意四点：第一，电子信件"主题"（标题）要明确且具描述性；第二，信件内容应简明扼要；第三，能直接发送的文稿就不要以附件形式发送；第四，遵守一般法律规定，不传播有害的信息。

二、博客的写作

博客（Blog）一词源于 Weblog，中文意思是"网络日志"，后来缩写为 Blog，是指在互联网上基于 Web 2.0 技术而建立、以个人主页的形式存在、由个体自主决定其内容主旨、按时间序列不断更新，并通过超链接，将整个互联网作为信息来源的网络交流工具。

（一）博客的特点

博客的特点主要包括以下几个方面。

1. 个人性与开放性的统一

（1）个人性。博客是个人传播的工具，所以其具有显著的个人性特点。这种个人性主要表现在三个方面：第一，博客是一种纯粹以个人兴趣为出发点的个人行为；第二，博客的传播主体是个人，它是一种非组织机构所进行的传播行为；第三，任何个人，只要通过网络，都可以建立自己的博客。

（2）开放性。博客开放性的特点主要表现在以下两个方面：第一，博客开放了网络原代码，降低了人们在网络上发表个人观点的门槛，只要掌握了一定的网络技术就可以在互联网上实现个人发文的目的；第二，开放的 RSS 技术使人们能够自由地共享信息、思想、经验情感等。博客一方面是信息的发布者，同时又可以参与其他互联网信息的共享。

2. 私人性与共享性的统一

（1）私人性。日记体的形式和个人化的内容是博客的重要特征，这体现了博客的私人性。博客是以个人主页的形式存在，具有私人空间的属性特征。博客大多以个人情感、生活、思想为主，具有私人性。

（2）共享性。博客的共享性特征表现在两个方面：第一，博客传播的内容既可以是纯私人的，也可以是公共的；第二，传播的形式既可以是私人的，不向外界开放，也可以实现与外界的共享，供外界浏览、链接和评论。

博客虽然是个人性的私人空间，但是博客的传播内容、传播形式等都体现了共享性。概括来说，博客是开放的个人空间，是私人领域的公共化。

3. 商业性与非商业性的统一

博客在刚开始兴起时并没有带有明显的商业性，其当时发展的动力是个人自主的追求。无论是在技术还是内容上，博客秉承的都是低门槛和不收费的宗旨。但随着社会的不断发展，博客的商业性逐渐显现，一些广告商逐渐看到了博客的价值，从而在博客上投放广告，随着博客用户数量的剧增，博客营销成为一种趋势。

4. 继承性与批判性的统一

（1）继承性。博客作为一种新兴的网络传播工具，继承了以往传统网络传播工具的某些特征和功能，如互动性、开放性、包容性等特点及超文本和多媒体等传播功能。

（2）批判性。博客作为一种新媒体，必然会对现有的传播工具形成冲击，在功能上会有所突破，表现出一种"批判性"的继承。

（二）博客的写作要求

在写博客时要注意以下几点。

第一，表达方式简要，通过最简单的方式表达自己的主要观点。

第二，只要易于读者阅读，并能吸引读者的眼球即可。文字、动画、音视频等不同媒体的表达形式都可以运用。

第三，往往图片、视频、音频与文本并用，较之大段大段的文字，更受到读者的欢迎。

第四，要充分利用链接的网络功能，让读者通过链接进行深入阅读。

第五，用链接方式让读者能找到你的所有言论。

三、微博的写作

微博，即微博客，是博客的一种变体。通常将在一个基于用户关系的信息分享、传播以及获取平台上，通过手机、Web 等方式，以 140 字左右的文字发布短消息实现即时分享的信息传播模式，称为"写微博"或"发微博"。

（一）微博的特点

微博的特点包括以下几点。

（1）碎片化的写作方式。微博的写作很好地体现了意识的流动性，表达人们即时的感受，其断章似的短篇，甚至是文字的碎片，也正好满足了众多读者的需要。

（2）个性化的语言风格。微博空间是一个十分推崇个性、张扬自我、展现智慧的虚拟世界，博友们在网上交流几乎没有任何限制。

（3）超文本的功能特性。微博平台提供了添加超链接的功能，使微博的写作进入了多媒体网络表达时空中，文本的表现形式更加自由灵动，也使原来有限的时空得以延展，形成立体的信息化时空。

（二）微博与博客写作的区别

虽然说微博脱胎于博客，但与博客仍有明显的区别。

（1）微博简单灵活。相对于强调版面布置的博客来说，微博的内容只是由简单的只言片语组成，而且在语言的编排组织上，也没有博客要求那么高。

（2）微博能够完美对接大多数通信工具。微博开通的多种API使得大量用户可以通过手机、网络等方式来即时更新自己的个人信息，很好地适应了现代人快节奏的生活。人们在短暂的闲暇之余可以随时掏出随身携带的通信工具来发表自己此时此刻的心情等，非常方便快捷。

（3）微博每天可以更换数十条信息。与博客相比，微博每天可以更新的信息非常多，这就使得个人的思想火花和即时行为都能在第一时间得以呈现，借此让别人更好地了解自己的思想言行。

四、BBS 帖子的写作

BBS 是网上论坛的一种形式，它是电子公告板系统（Bulletin Board System）的缩写，是一种用于软件交流、科学技术、报纸杂志以及商业信息等方面的信息服务系统。用户可以利用该系统进行聊天、组织沙龙、谈论问题、发表看法、获得帮助等信息交流活动。

（一）BBS 的作用

目前，各类 BBS 的作用主要有以下几点。

第一，供用户选择阅读、获取自己感兴趣的专业组和讨论组内的信息。

第二，用户可在站点内发布消息或文章，供他人查询。

第三，定期检查是否有新消息发布并选择阅读。

第四，免费软件的获取，文件的传输。

第五，用户可就站点内其他人的消息或文章进行评论。

第六，结交朋友，谈心交流，满足情感需求。

第七，同一站点内的用户互通电子邮件，进行实时对话。

（二）BBS 帖子写作的特点

目前帖子的内容是五花八门的，如杂感评论、诗歌散文、小说连载、布告通知等。但最能体现其特色的功能是发表意见、发布信息。帖子这方面的写作更关注热点或敏感话题，更自由地表达与坚持自己的意见，更注重在文字的简洁流畅和语言的新颖出奇上下功夫，其特点有以下几个。

1. 一帖一评

帖子的篇幅不能太长，往往一个帖子只评论一个话题。发帖与读帖的场合一般都是在论坛里的讨论区，而讨论区常常是按照不同的话题分了类的，所以帖子的写作是很有针对性的。

2. 写作形式多样化

在论坛中发送帖子可以按照自己感兴趣的主题随意发布，不仅可以发布文字，声音、图片同样可以上传在网络，这样就可以使内容更加丰富。目前论坛还支持视频和电影在线播放。

3. 口语化与文言化

帖子的文字表达有明显的口语色彩，并喜欢用感叹句与反问句。但与此相对的是，口语化的文字中常常又能感受到文言的味道。语言风格的多样化，也正是帖子写作受人欢迎的原因之一。

五、短信的写作

短信是指用手机发出的简短信息，主要指的是文字信息。手机短信是电子时代通信手段飞速发展的产物。

（一）短信的特点

概括来说，短信有两大特点。

（1）语言简洁。作为一种精短的应用文新文体，短信一般字数较少，篇幅上称得上"微型"应用文了。

（2）主题突出。由于精短，所以内容较单一，叙述、情感表达明确。

（二）短信的分类

根据作者的表达内容，可以将短信分为工作生活短信、祝福表达短信和商务宣传短信。

根据网络传输内容，可以将短信分为文本短信（短消息的内容可以是文本、数字或二进制非文本数据）和多媒体短信（俗称彩信，能够发送彩色图片、文字、音频流以及铃声）。

（三）短信的写作要求

短信的写作要求包括以下几点。

第一，要"写"得短小精悍，言简意赅。

第二，精彩的短信应有精巧的构思，要富有创意。

第三，幽默风趣的语言更能引起他人的关注和记忆。

第四，给发送对象加上尊称，会使短信更具人情味和亲切感。

第五，不同类型的短信有不同的语体色彩，所以，短信的作者一定要根据短信的类型来确定合适的语体，保证短信的措辞得体。

第六，在写短信时也需要注意一定的文采。

第七，如果对方手机里没有你的电话号码，而你的短信又没有落款，会给对方带来不便，所以在写短信时应注意写落款。

六、微信软文的写作

微信由腾讯控股有限公司（Tencent Holdings Limited）于2010年10月筹划启动，由腾讯广州研发中心产品团队打造。该团队经理张小龙带领团队曾成功开发过Foxmail、QQ邮箱等互联网项目。腾讯公司总裁马化腾在产品策划的邮件中确定了这款产品的名称叫作"微信"。

简单来说，微信就是支持注册用户在移动网络和Wi-Fi环境下免费发送语音消息、视频、图片和文字等内容的一个即时通信软件。2011年1月，腾讯公司将微信这个免费应用程序推向市场，之后工作团队不断对微信软件进行研究和开发，一些支持多平台和自媒体信息发布等功能开始出现，微信在逐渐完善交流互动功能的同时，也不断向电商等领域拓展。

（一）微信信息的特点

1. 即时性

社交软件最主要的功能就是"社交"，而社交最注重的就是信息传播的即时性，即传播者可以随时传递信息，只要接受者在线，就可以立即接收信息，并给出反馈。微信作为一款社交软件，在信息传播的即时性方面整合了微博、QQ的功能，做到了信息的即时发布、即时传递、即时接收。

微信主打的语音消息功能克服了以往文字消息可能造成的理解偏差。语音消息可以完整还原信息发布者传播信息时的语气、心情等状态，这大大拓展了传递内容的信息含量。这种信息传递类似于"现场直播",传递者和接收者几乎能够同时、同步地获取整个传播过程中的全部信息。此外,微信的实时对讲、网络视频等功能,也实现了真正意义上的即时性。

2. 交互性

交互性的概念范围十分广泛,如果单看字面意思,它可以理解为交流性、互动性。事实上,交互性往往主要被应用在计算机及多媒体领域。将交互性拓展到新闻传播,它既可以指媒介与使用者之间的交互性,又可以指使用者与使用者之间的交互活动。

在微信中,无论是使用者与使用者之间,还是使用者与相当于"大众传媒"的微信公众平台之间,交互性都很强。实际上,微信为使用者创立了一个平等的交互环境,使用者微信好友之间的交流不具有任何门槛,同样,使用者与公众号的交流也是彼此平等的。与传统的大众传播媒介不同,用户想要与公众平台交流的内容可以随时随地进行发送,公众平台管理者也可以在后台及时查看。微信在一定程度上重新定义了信息传递者、接收者的关系,在他们之间,信息的传播是双向的。随后微信又推出信息发布两分钟之内可撤回的功能,这让信息发布者可以选择信息交流的开始、暂停和中止,在某种意义上,这里的信息发布者进一步掌握了主动权,于是,交互性随之增加。

3. 发散性

与互联网的信息传播形式相同,微信也经历了从"点对点"到"点对多"的发散性转变。目前,微信的信息传播是这两种形式相融合的复杂结构。

由于微信使用者与其微信好友之间大多在现实生活中也具有社交关系,相比于陌生人,他们之间的信任度要高得多,再加上彼此之间的强烈交互性,所以好友之间点对点的信息传递,以及群聊中点对多的信息分享都能够达到比较好的传播效果。在彼此信任的状态下,他们很少会对信息来源以及信息可信度产生怀疑,更容易产生评论、分享等行为。

此外,即便微信使用者与他的某些好友并不具有现实中的社交关系,但两人能够成为好友也一定是出于共同的兴趣、共同的爱好、共同的利益等原因,所以,他们之间传播的信息往往能够引起彼此共鸣,进而引发转发、分享。

一旦以上这些"点对点"的传播行为开始产生,信息也随之广为扩散。而除了"点对点"以外,微信公众平台、朋友圈和群聊则更集中地体现了"点对多"的传播方式。在微信中,信息传播的趋势是具有明显发散性特点的"树枝形"。

4. 分众化

所谓"分众",可以简单理解为"细分受众群体"。在信息爆炸到信息过载的现代社会,人们工作、生活的节奏正逐步加快,受众进行信息筛选的时间迅速缩减,但是,受众的需求又是多种多样的,于是,"分众传播"正成为新媒体抓住受众群体的关键。随着互联网话语权的下放,新媒体相较于传统媒体的一个最重要特点就是简单化、碎片化、分众化。这也是对传播学中"使用与满足"理论的进一步延伸,媒体越来越重视受众在传播过程中的作用。

微信中的信息分众传播主要表现在微信公众平台方面。微信公众平台采用使用者主动订阅的形式,订阅后也可随意取消关注,给了使用者主动选择权。订阅号倾向于资讯传达,服务号定位于服务交互,企业号专注于内部通讯。在平台创建之初,开发者就已经将公众平台进行了精细划分。除此之外,可以说,能够获得广泛关注和认可的公众平台都有自己的专攻领域。一个信息过载、信息过杂的账号,很难引发受众的关注欲望。

以微信公众平台为代表的"分众传播"形式,可以精准定位到具体受众,进而筛选信息,对信息进行进一步优化处理,从而达到传播效果最大化。

(二)微信软文写作注意事项

1. 字　　数

字数要少而精,1000字左右最为适宜,最多不超过3000字,如果内容的确较难以缩减,可考虑拆分成多篇文章。

2. 标　　题

标题以5~15字为宜,最长不超过20字,字数太少标题容易显得空洞,字数太多容易引起反感。软文的标题是软文的脸,是决定读者是否点击的关键要素,因此最好是切合文章主题。

3. 结构清晰

文章要有个提纲挈领的摘要,字数120字,也可以作为文章的第一段。

文章分大结构与小结构,也就是一级标题和二级标题,最好不要到三级标题。一级标题可以是总—分—总,或并列,或递进的关系。

每段100字最佳,不要超过200字。在微信阅读中,基本上就是5~6行最佳,不超过11行。

4. 主题突出

每篇文章的主题不宜过多,突出讨论的关键词1~3个。

5. 图片专业切题

图片的选取既要显示出专业性,也要切题。

第三节 地方政务微信写作

移动互联网时代下,微信成为一种全新、便捷的信息交流沟通方式。下面以政务微信写作为例,展开本节的讨论。

当今社会,伴随着全球化、信息化、网络化的迅速发展,通信技术发展不断呈现出新态势。2011年,政务微博这个政民沟通的新平台率先发展;微信这个后起之秀也发展迅猛,短短一年时间内就飞快地成长、壮大,一跃发展成为Web 2.0时代的主流自媒体之一。在认识到微信具有便捷、时效的特性之后,各地方政府纷纷开通官方微信,积极开发利用微信为政府工作服务。地方政府在注册微信公众账号之后,微信公众平台就正式开通,民众在关注地方政务微信之后可以对微信内容发表自己的意见看法,向政府提问、咨询等。地方政府可以在官方微信平台发布信息,并为民众提供一系列便捷、实用性服务。地方政务微信成为继政务微博之后政府网络问政的新平台,也是政府树立为民服务形象的新途径。

地方政务微信数量在短时间内大量增加,区域分布范围也不断扩大,越来越多的民众开始接纳和认可地方政务微信,主动从地方政务微信平台获取信息。随着微信版本的不断更新和新功能的不断开发,微信在政务领域的应用过程中发挥的作用越来越大。面对重大事件时,地方政务微信这个新时代下最热的移动社交媒体发挥的舆论引导和宣传作用不容小觑。

一、地方政务微信的结构形式和写作特点

对地方政务微信的写作进行研究,归根结底还是为了使其能起到更好的传播效果。互联网时代下资讯众多,要想确保地方政务微信的粉丝量,使地方政务微信的功能得到最大限度的发挥,优质的内容是关键。写作由来已久,但地方政务微信尚属新生事物。地方政务微信能否成功,衡量标准之一就是地方政务微信发布的内容能否被广大人民群众接受。地方政务微信代表的是政府权威声音,其写作也就尤为关键,需要地方政务微信写作者对地方政务微信的结构规律和写作特点有明确的理解和把握,只有高质量的地方政务微信才能达到更好的传播效

果。本章将重点探讨地方政务微信的结构形式和写作特点。

（一）地方政务微信的结构形式

撰写地方政务微信跟撰写其他文章一样，都需要写作者对手头上掌握的各种材料进行合理组织，搭建起地方政务微信的结构框架。虽然地方政务微信出现的时间较短，却也有了自己独特的规律。在近些年的地方政务微信写作实践中，地方政务微信形成了一些比较固定的结构形式。目前，地方政务微信主要有三种结构形式。

1. 常见三分式结构

三分式结构是地方政务微信写作中出现最普遍，也是运用频率最高的一种结构形式。这种结构形式主要由开头、正文、结尾三部分组成，故而被称为三分式结构。

三分式结构的开头通常采用设置悬念或开门见山等写法。通常以第一自然段为开头。地方政务微信写作者通过对全文的梳理和构思，为了吸引读者的目光，在第一段并不直接交代事情的前因后果，而是设置悬念，抓人眼球。对于一些政务性比较强的新闻，比如政府工作会议、考察等事件，地方政务微信写作者通常在第一段就直接点名时间、地点、人物、事件等，给读者直观感受，使读者一目了然，看了第一段文字就知道作者讲述的是什么事。三分式结构并没有固定的模式，由地方政务微信写作者根据文章构思决定。

三分式结构的正文部分是对整个事件或问题进行阐述，正文部分不宜过长，交代清楚事情即可，过长的正文部分不仅使读者产生视觉疲劳，也显得整篇微信文章冗长。为了突出、升华主题，地方政务微信写作者会再写一段文字作为整篇微信的结尾，然后结束全文。

2. 自然二分式结构

根据地方政务微信写作者的构思需求，地方政务微信也会采用只有开头和正文这两部分的结构形式。有些地方政务微信从整体框架来看，可以直接在正文部分自然地进行结尾，毫无违和感，这种情况下也就没有必要再独立写一段文字作为结尾。这种二分式结构多用于发布政府通告、便民生活类信息等。

二分式结构没有结尾，讲究的是行文流畅自然，不能显得突兀或者文章结束得唐突。这就需要地方政务微信写作者有较强的文章布局构思能力。

3. 创意一分式结构

现在，很多地方政务微信写作者已经学会借助图文结合等多种形式发布微信，很多信息寓于图片之中，所以通常会出现只有开头文字，用图片代替正文或者正文部分只有少量文字的一分式结构。

越来越多的地方政府开始注重城市宣传，所以在政务微信的开头，写作者选择用几句话煽情，渲染气氛。然后直接附上城市宣传片，这个时候不需要过多文字解读，让读者自己体会即可。

（二）地方政务微信的写作特点

地方政务微信写作者要学会综合利用文字、图片、视频等大家广泛接受的信息载体，图文并茂，声画并举，注重多媒体的呈现效果。这里着重研究地方政务微信的写作特点，以加深对地方政务微信的了解。

1. 写作主体职业化

写作主体，是指能动地进行地方政务微信写作的人。地方政务微信写作者在地方政务微信的写作过程中起的是主导作用，不仅需要对写作主题进行思考，还要对写作材料进行组织等。

写作主体职业化指的是地方政务微信写作主体的职业化素养、职业化行为规范和职业化技能三部分内容。地方政务微信写作主体职业化素养的高低是决定地方政务微信内容优劣的关键，也是地方政务微信品牌形象建设的根本。地方政务微信写作主体能从事写作行为，要有一定的知识构成，还要有丰富的人生阅历和社会实践经验，能对掌握的各种资源进行整合运用。

地方政务微信的写作并不是简单的文字堆积工作，需要写作主体对取材、构思、表达等进行创造性的思考，需要不断地练习、揣摩，最终写出符合政府部门职能特性和满足受众需求的微信内容。

与其他写作活动一样，地方政务微信写作也是一项复杂的、创造性的精神劳动。在写作的整个过程中，写作主体负责信息的采集与选择，还要对内容的安排与表述进行构思。写作主体职业化成了影响地方政务微信传播效果的重要因素，地方政务微信写作主体以政府的工作要求准则为前提进行写作，写作出来的地方政务微信才能获得更好的传播效果。

地方政务微信写作主体的社会角色要求其必须克服自身的局限性，以心系民众、想民众之所想、真正为民众服务为工作宗旨，充分发挥自身能动性。地方政务微信写作主体按政府工作的标准化、规范化、制度化的要求塑造自己，在合适的时间用合适的方式在微信公众号上发布政务信息。对于地方政务微信写作主体而言，他们不仅要有职业化写作水平，而且要熟悉互联网平台应用，熟练运用文本编辑工具，制作多媒体信息，只有这样才能使地方政务微信获得民众的认可。

2. 传播符号多元化

传播符号是地方政务微信表达和宣传必不可少的要素。与其他新媒体相比，地方政务微信在传播和表现形式等方面具有明显优势。

地方政务微信与传统的文字、图片结合的写作方法不同，其具有多元化的传播符号和精彩多样的表现形式。有特色的视频直播和参与投票等，使地方政务微信内容生动、趣味。相比文字来说，视频和音频等流媒体更能获得浏览量。另外，在特定情况下，语音信息显得更具人性化。例如，当交通管理部门向民众推送即时路况信息时，采用语音形式就能避免造成正在驾驶的民众因为阅读文字信息发生交通事故。

作为移动化的新媒体，版式设计也成为吸引眼球的元素之一。虽相对来说没有太多的条框与规范，但不同类型地方政务微信内容的版式还是应该有不同风格的体现。作为地方政务微信，自身的版式风格应鲜明、统一，体现其内容的高度一致，借以表达地方政务微信的文化内涵。

地方政务微信的版式设计不应只追求形式上的标新立异，而应注重与粉丝的沟通。随着第三方微信编辑器的出现和简单强大的HTML5创作工具的开发，微信排版样式与编辑素材多种多样、精彩纷呈。地方政务微信要采用民众认同、喜爱的版式，树立自身独特的整体形象，以更多的情感关怀去感染并吸引民众。生动活泼的版式有利于地方政务微信的传播，可视性得到增加，传播效果更好。

地方政务微信是民众获取政务信息的一个途径，新的传播方式增加了地方政府网络问政的深度，新的传播理念拓展了地方政府网络问政的广度。社会的进步推动了技术手段的革新、带来了崭新的工作观念。地方政务微信跟随社会发展的脚步，技术和观念拉近了政府和民众之间的距离。例如，之前在发生天气、重大灾难等突发情况的时候，应急办都是以群发手机短信的形式提醒市民注意出行安全，但在应急办开通官方微信后采用图片和视频结合的形式，不仅更便捷地传达了信息，而且取得了很好的传播效果。与此同时，有的地方政务微信在微信界面开设了问询功能，使政府对民众的服务工作更加高效。

3. 写作内容本地化

随着全国各地越来越多的政府机构开通政务微信，运用于政务成了微信的一个突出的应用领域。地方政务微信将信息发布、民意舆情搜集、咨询、互动、服务等多种功能发挥得淋漓尽致。

地方政务微信更多地承担为本地区民众服务的任务，受众也多为当地民众，所以内容应该结合当地民众的喜好与需求，发布具备较强的本地化特征和个性化的微信内容。实用性是地方政务微信发布内容要突出的关键，地方政务微信除了发布重大新闻，还要在立足当地的基础上为本地民众提供最有价值的资讯。为了更充分地发挥部门职能，各级政府机构都开通了与其职能相对应的官方政务微信。如各地的宣传部门通过微信向民众宣传当地新出台的政策法规等；当发生重大突发事件时，立即发布权威信息以避免谣言滋生。地方政务微信也是政府向外界展示地方特色与风土人情的途径。市政部门准确地向市民发布如路况、天气、旅游、生活等各种服务类信息，市政部门要想更好地为民众服务，其发布的微信要以方便、实用类为主。

民众为了能及时获得自身需求的信息需关注地方政务微信，只要登录微信就可以看到地方政务微信推送信息的提示，保证了极高的传达率和很强的精准性。地方政务微信最重要的一个功能就是信息发布，地方政府部门将本地的政策法规、新闻事件、生活服务类信息等通过官方微信发送给民众。地方政务微信在微信界面开设问询、业务办理等服务功能，这些功能都是针对本地域内事务的咨询和办理等。

4. 写作用语网络化

对于地方政务微信来说，使用什么样的语言来和民众进行沟通与交流，不能只按照政务微信写作者个人风格和习惯，更多地要考虑到这其实是一种写作策略和技巧的问题，同时也要考虑地方政务微信受众的年龄、职业、文化水平等因素。毛泽东主席曾教育政府工作者，在与人民群众进行交流的时候，要注意用生动、充满情感、群众能接受的语言，只有这样才能起到好的沟通效果。

语言是写作最为重要的载体之一，文字是地方政务微信写作者的才情、禀赋、气质的外在表现。在当今时代，地方政务微信的写作应该由公文体语言向网络语言转变，运用网络语言并非是使用纯戏谑性、娱乐性语言，而是要恰当地使用权威性的语言。在进行地方政务微信写作时，一方面不能使用过分生硬的公文语言，避免地方政府和民众的对话流于形式，要以情绪饱满的文字发布贴近民众生活、满足民众需求的微信内容。为了使地方政府和民众能零距离沟通，进行地方政务微信写作时要多运用网络文字和语言。另一方面，地方政务微信与其他的微信公众平台不同，先天具有权威性和公信力，要使用表达明确、规范的语言，不庸俗低下，更不能违规违法。地方政务微信要想显得更亲切，可以适当融合本地方言，这样会让本地民众更通俗易懂。

有些地方政务微信开设的有问询功能，微信操作者在设置关键字回复或针对具体事务进行回复与解释时，不要使用生硬没有温度的官方话语；在跟民众释疑答惑时，不要拖拖拉拉，不说客套话，要学会使用精准的语言并恰当融入网络语言。

网络语言起初只是网友们别出心裁、自娱自乐创造出来的一种新奇的表达内心情感与诉求的方式。从刚开始的小范围传播和遭到抵制，到现在网络语言俨然已经成为我们生活中不可缺少的一部分，体现在我们生活中的方方面面。网络语言反映了当下的文化形态，也是民众心理诉求的一种另类的呈现方式。地方政务微信写作者将网络语言灵活巧妙地融入微信中，不仅增加了地方微信的趣味性，也使政府和民众更亲近。

地方政务微信代表着地方政府部门的形象，微信内容的措辞和语气都会受到广泛关注，所以发布的政务微信的语言一定要明确、规范，拒绝庸俗低下。地方政府发布的政务微信必须保证内容优质，而不是当成惯例性的事务去完成。地方政务微信写作者要摆正心态，把发布政务微信作为一项常态工作，日常化、持续化地更新发布政务微信，使地方政务微信真正为民众服务。

二、地方政务微信的写作技法与要求

每一种文体的写作技法都贯穿写作的各个层面。"写作技法"这个概念是对各种方法、手段的静止的描述，通常不包含实际应用的内涵。所以不仅要熟知地方政务微信的写作技法，更要学会灵活运用，同时也要把握写作要求，规避地方政务微信的写作风险。

（一）地方政务微信的写作技法

写作有一定的操作方法，文章有一定的表现方法，把它从写作过程和文章作品中抽象概括出来，即人们常说的"技法"。

笔者认为，地方政务微信写作技法则是在地方政务微信写作者原有知识储备的基础上和不断实践中逐渐形成的、用来表达政务微信主题、传达政务微信内容等的技巧与手法。运用写作技法是地方政务微信写作者把生活和思想物化为政务微信内容的必要手段，是写作者把对客观事件和问题的认识转化为定型化政务微信的必不可少的桥梁。

1.描写引入法

地方政务微信的开头和其他文章一样，有着举足轻重的作用。精彩的地方政务微信开头能迅速抓住受众眼球，这已经成功了一半。

政务微信写作者选择在开头采用描写引入法，没有开门见山直接说明原委，而是用简短的一两段文字向受众交代政务微信的写作背景，不仅渲染了微信气氛,也使微信上下文过渡自然,不至于突兀,符合受众的阅读心理。

2. 设置悬念法

地方政务微信作为一个新媒体,其开头的写作方法和表达形式都应相应地有所创新,而不拘泥于常见的几种写作方法。开头可以在综合考虑文体、内容、风格等因素的基础上,精心设定,不拘泥于形式。毕竟,好的开头是吸引受众接着往下继续阅读的关键。

地方政务微信写作者在进行写作之前,对开头、全文架构和主题表达都应进行细致的考虑。

3. 并列、递进法

首先,要主题明确。地方政务微信的写作从来都没有固定的写法,不管采用什么样的方法,最终目的都是为了烘托整篇微信的中心思想。

其次,要层次分明。地方政务微信的主体不能通篇平铺直叙,没有轻重,这样很容易让读者产生阅读疲劳。要想吸引地方受众的眼球,地方政务微信的主体就要层次分明。地方政务微信可以按事情发展的顺序进行层次划分,也可以先写事情的原因再叙述结果等。

最后,要有深度。地方政务微信的深度有很多表现形式,但就主体这部分内容来说,可以采用并列的手法,从与事情相关的各个方面进行阐述,平行反映地方政务微信的主题思想;也可以用递进的手法,先粗浅交代事情,然后再逐渐深入等。

4. 升华主题法

一个好的结尾和开头一样重要。结尾写得好,就能成为点睛之笔,升华了整篇地方政务微信的主题思想。在进行地方政务微信的结尾写作时,也要深入思考。

地方政务微信写作者只有掌握了写作技法,巧妙地运用这些技法,才能写出高质量的地方政务微信。

(二)地方政务微信的写作要求

在本小节中,结合地方政务微信的内容与表现方式,对地方政务微信的写作要求进行分析。

1. 内容全面丰富

政务信息是政务活动中反映政务工作及其相关事物的总称。政务信息具有的严谨与公正客观的特征，注定它与娱乐趣味性文本风格迥异。但是随着网络的迅速普及与发展，地方政务微信想要获取受众认可，准确和广泛地传达政务信息，那么在政务微信的内容选择上也是需要下一番功夫的。

地方政务微信与其他的微信公众平台一样，一天只能向微信受众推送一次消息，因此内容必须慎重选择，只有内容丰富的地方政务微信才会受到欢迎。除了在微信界面可以获取的信息外，写作者也可以对微信内容进行扩展和补充，在地方政务微信文本左下方的"阅读全文"里添加超链接，民众通过对链接到的外部信息内容加深理解和认识。

职能部门，不能每天只单一地发布职能内的相关信息。例如，气象部门可以在遇到恶劣天气时给市民一个减少出行、注意安全的温馨提示。这样不仅增加了气象部门官方微信发布的内容，而且显示了对市民的情感关怀，拉近了政府部门与民众的距离。

地方政务微信写作者可以对当地市民的需求、爱好和关注点进行调查与研究，每天向民众推送有关美食、出行、就业、健康、天气预报、交通等惠民便民的微信。受众在接收到地方政务微信后可以通过邮件、朋友圈、复制链接发送至其他平台等多种渠道进行信息传播，在受众扩散地方政务微信内容的同时，不仅使信息增值，也建立了一套新的传播关系系统。地方政务微信可以借鉴传统报纸、期刊的做法，在微信公众平台精心打造民众喜欢的固定版块，在获得口碑效应的同时也能获取更多的粉丝量。

相对于单纯地发布政府政策法规之类的内容，多种多样的地方政务微信内容凭借生动、活泼、有趣的形象，使越来越多的民众开始从微信平台获取信息，也为地方政务微信获取了更多的粉丝和关注度。

2. 语言简明生动

信息时代的到来加快了人们社会生活及社会生产的步伐，人们在阅读时也力求快速，由此催生了快速消费文化的形成。在这种背景下，地方政务微信只有用简洁而生动的语言才能吸引粉丝、留住粉丝。写作者如何处理语言简洁、主题表达、详略安排三者之间的关系，与其写作能力有很大关系。

地方政务微信的性质和作用以及其依托于网络的特性，决定了其语言具有简洁性的特征。语言简洁并不是要求地方政务微信篇幅必须短小，表达简单，而是内容详略得当，与粉丝产生共鸣。所以写作者在写作之前要对如何运用简明生动的语言表达出深刻的主题进行认真构思。

另外，地方政务微信语言简洁是建立在对文字进行一系列的综合处理工作的基础之上。写作者要充分考虑受众群的年龄、文化水平等特点，采用轻松严肃或简明生动的语言，使发送的微信内容或者服务内容更容易被理解和接受。地方政务微信语言的简洁性，不是以篇幅长短和文字多少为衡量标准。写作者如何安排内容详略，与要突出的主题紧密相关。地方政务微信写作者要具有端正的态度，用恰当的语言写出严谨务实、直奔主题的微信内容。

写作地方政务微信要表意准确，避免歧义，不让一个语句同时形成两个或多个意思的语言现象存在。要保证地方政务微信里的每一个词和句子都只有唯一的解释，以免不法分子恶意曲解然后传播不法或不实信息，造成恶劣影响，危害社会。

地方政务微信作为公文的新体式，语言同样非常讲究精确性，这样地方政务微信才能准确传达政务信息。准确向民众传达政务信息的一个重要的前提就是语言表述要简洁明了，百姓化、接地气的语言方式更能被民众接受。

3. 表现方式多样

地方政府要想争取到民众的意见和看法，地方政务微信写作者就必须改变以往传统的表达形式，采用图片、视频、语音、表情、地理位置和超链接等多种形式结合来加大地方政务微信的信息承载力，美化地方政务微信界面。图片的合理利用是内容优化的关键，除了与内容相关的配图之外，把想要着重突出的内容绘制成信息图，也能帮助民众更好地理解地方政务政府想要传达的意思。就信息的传播效率而言，在同一时间段内，视频能比文本、图片传播更多的信息，更容易被人接受，而且在地方政务微信中的视频不一定需要专业录制或脚本，成本也低。多变、生动的表现形式不仅增强了美观度，也使地方政务微信形象、有趣，有助于提高民众对地方政务微信的兴趣和关注度。

地方政务微信采用丰富、有趣、生动的表现形式把政府的理念和精神传达到社会各界，让更多的民众参与到政府的决策中去，政府根据民众的声音进行决策，实现民主议政。同时，加强和完善地方政务微信在政府工作中的运用，也能帮助政府提升自身形象。

三、地方政务微信写作中的注意事项

地方政务微信作为新一代的互联网媒体或应用平台，带给人们的不仅是一种内容呈现方式上的变化，而且在传播层面上也有突破，改变了以往传统的交流方式，通过更高效的方式进行传播。地方政务微信是一个新兴的传播交流平台，虽然发展迅猛，但也存在着"山寨"微信频现、地方政务微信与受众交流互动不足等问题。针对地方政务微信存在的不足，除了相关部门需要加大整治力度，地方政务微信写作者也要规避风险。

(一)用官方微信,使微信真正"威信"

在微信刚刚应用于政务领域期间,有一些看似"官方出品"的地方政务微信以假乱真。有些"山寨"地方政务微信的微信头像与当地的政务微博使用的头像一模一样,让很多民众把山寨微信当成官方微信。地方政务微信相比政务微博而言,属于"微问政"工具的后起新秀,其认证规范还不够严谨,对于地方政务微信的命名方式也缺乏统一的规范,很多政府部门都把官方微信取名为"××发布",所以"××发布"的微信账号都会被默认为官方微信。

尤其是当微信用户在查找某一地区的政务微信账号时,由于微信账号名称相似度很高,很难鉴别哪一个才是真正的地方政务微信。如果民众关注的是非官方微信公众账号,那么很可能就有不法分子盗取民众的个人信息,给民众带来麻烦。"山寨"地方政务微信如果被不法分子利用,不仅影响社会安定,也大大削减了真正的地方政务微信的公信力。

针对目前存在的"山寨"地方政务微信,地方政府要及时在网站或者通过其他渠道进行澄清,并尽快开通官方认证微信以示区别。各地政府的舆情监测部门应高度提高警惕和关注,防止"山寨"地方政务微信发布各种不实信息,扰乱社会秩序,使地方政务微信代表政府发声,为民众带来各种权威资讯。

(二)交流互动,搭建政民沟通新平台

地方政务微信的确给地方政府的工作和民众的生活带来了很多便利,地方政务微信也发展成为一个新的社交舆论阵地。地方政务微信在塑造亲民、服务性政府形象的同时,也演变为一种低成本的快速传播信息渠道。

在地方政务微信推广时,有的政务微信写作者有时一天发好多篇,有时则几个月都不发一篇。有些政务微信写作者推送几篇政务微信以后短期没有见到什么效果,就停止了对政务微信的推广。作为地方政务微信的写作者一定要认识到,地方政务微信的推广要靠长期的积累,要通过与粉丝的频繁互动来提升知名度和增加关注度。

但是,地方政务微信开通之后机械性地定时向用户推送消息也是不可行的,可以在地方政务微信后台设置各类关键词回复,并对关键词进行及时更新。如果地方政务微信在发出微信后能收到很多回复信息或者有很高的阅读量,那么说明微信内容很受民众欢迎。若是阅读数量极少且没有人反馈,则可以采取投票的形式征集民众对政府微信运营的观点与看法,在了解当地民众偏好的基础上或改进内容形式或改换选题方向。地方政务微信拥有的粉丝都是真实的,民众针对地方政府政策法规作出的反馈,其可靠性和真实性更强,地方政务微信是地方政府进

行民意调查的一个快捷、低成本的平台。各地政府部门可以在向民众推送政务微信时进行一些当地政府的政策评估和民意反馈。这样一来地方政府不仅能控制舆情走势，也能更好地服务于民。

地方政务微信是官民交流沟通的一个很好的渠道，可以开设网友提问专栏，安排专人对网友关心的热点、重点问题进行回复，也可以把问题和回复进行总结，统一进行发布，供其他网友参考。但如果民众在地方政务微信平台的提问和咨询等没有得到及时回复或干脆没有得到回复，那么民众会认为地方政务微信是政府在作秀，在对地方政务微信失去了信任感之后也不会再参与其中。因此，地方政务微信一定要保证和民众进行及时沟通，回答民众的疑问，解决民众的问题。形成良好的互动模式，民众也对地方政务微信的满意度大大增加。

地方政务微信这种媒体建设源自日常的点滴积累，地方政务微信写作者虽然在写作微信的过程中拥有便捷的传播工具，然而处于起步阶段的地方政务微信写作，仍不可避免地出现了内容单一、关注度不高、缺少优质微信内容等问题，针对这些问题，写作过程中要多加留意，写出高质量的微信内容。

（三）丰富形式，提升用户体验

提升用户体验是地方政务微信提高关注度的重要影响因素。除了让用户体验到地方政务微信能给生活带来便利外，多种多样的表现形式也是吸引用户的关键点。地方政务微信功能多样、形式活泼，获得民众关注的可能性就越大。

一方面，地方政务微信写作可以多采用微刊的形式，即采用多张图片和文字结合的形式，不仅增进了美感，也给受众带来了美好的视觉享受。写作者如果只采用文本发布信息，受众在点击阅读时对大段文字很可能没有耐心读完而产生阅读疲劳，这样就起不到传播效果。微刊与普通的文本发布形式不同，它可以整合多种类型的信息，采用丰富的画面，更能贴近受众的阅读喜好，给受众带来更好的体验。

另一方面，地方政务微信写作者可以从民众生活的方方面面提取信息来进行写作。现在的地方政务微信中，服务类、政务类、宣传推广类和社会新闻类微信内容较为常见。为了避免地方政务微信内容单一，地方政务微信写作者可以每天向民众推送各种各样的微信内容。

地方政务微信的粉丝量和高关注度跟内容的优劣也有很大关系。如果写作者每天推送的微信内容种类单一，就会显得生硬刻板，没有活力，自然不会有民众愿意关注。除此之外，针对民众的提问、咨询等作出的回复和关键字回复也是地方政务微信写作的一种。不管是与民众进行交流沟通还是自动回复，写作者都要把握好内容，注意表达方式，不要让地方政务微信流于形式。

好的用户体验能为地方政务微信带来更多的粉丝和关注度，地方政务微信在写作时要结合受众喜好，采用符合受众阅读习惯的发布形式，推送受众感兴趣的内容。

（四）重视内容，扩大影响力

地方政务微信是地方政府用来发布信息的一种低成本的渠道。随着地方政务微信的不断发展，对社会发展和民众生活产生的影响也越来越大。但是，地方政务微信的影响力和公信力不是短时间内就能迅速建立的。

有些地方政务微信写作者每天向受众发送大量的信息，希望以此提高知名度，扩大影响力。但是，这种做法收效甚微。在信息爆炸的社会，民众不缺乏获取信息的渠道，所以只有高质量的内容才能引发用户的兴趣和关注。一篇有价值的地方政务微信可能会被大量的网站转载、被微信朋友之间分享上千次甚至数万次。

每天都有大大小小的事情发生，地方政务微信写作者要具备较高的信息筛选能力，着力打造符合地区文化特色且实用性强的微信内容，提高对微信内容"个性化""原创性"的重视。快速发展的新媒体给民众带来了很多获取信息的途径，民众如果在地方政务微信中看到的与其他媒体或者微信公众账号一模一样的内容，内心的认同感就会大大降低。有些地方政府职能部门同时运营政务微博和政务微信两个平台，地方政务微信写作者就直接将政务微博的内容复制到政务微信平台，不做任何修改。也有一些地方政务微信发送的是当天报纸、网站的相关新闻等信息，地方政务微信俨然成了一个"搬运工"。大量重复的内容很容易引发用户的反感情绪，这样一来就大大削减了地方政务微信的影响力。

地方政务微信的创作，也不能只注重内容全面，也要注重一个"精"字。有些地方政务微信整篇都像记流水账一般，缺少亮点、重点，不仅降低了地方政务微信的可读性，也让阅读者读完后完全不知所云。地方政府可以对本地用户的关注点、喜好、兴趣等进行调查和总结，然后确立政务微信发布方案。只有高质量的地方政务微信内容才能在琳琅满目的网络信息中脱颖而出，对社会管理和民众生活产生重大影响。

参考文献

[1] 曾凡. 应用写作基础与实训［M］. 北京：北京师范大学出版社，2014.
[2] 常广平. 应用文写作［M］. 北京：北京师范大学出版社，2011.
[3] 陈佩玲，邓虹. 应用文写作［M］. 第3版. 北京：化学工业出版社，2017.
[4] 陈子典. 现代应用文书写作［M］. 广州：暨南大学出版社，2010.
[5] 程芳银，范钦林，马启俊. 新编应用文写作教程［M］. 北京：外语教学与研究出版社，2008.
[6] 杜菁锋，陈淑仪. 应用文写作［M］. 北京：北京师范大学出版社，2011.
[7] 傅宏宇，尹夏楠. 财经应用文写作［M］. 北京：北京大学出版社，2010.
[8] 高玲. 应用文写作［M］. 北京：化学工业出版社，2013.
[9] 耿云巧，马俊霞. 现代应用文写作［M］. 北京：清华大学出版社，2010.
[10] 姜黎黎. 高职高专应用文写作教程［M］. 上海：同济大学出版社，2011.
[11] 刘常宝，吕宝江，张丽. 应用文写作［M］. 北京：科学出版社，2014.
[12] 刘强. 大学生应用文写作［M］. 北京：中央广播电视大学出版社，2014.
[13] 孟远. 大学生应用文写作教程［M］. 北京：经济科学出版社，2015.
[14] 王敏杰. 应用文写作实训［M］. 镇江：江苏大学出版社，2012.
[15] 夏晓鸣等. 应用文写作［M］. 上海：复旦大学出版社，2012.
[16] 杨安翔，赵锁龙. 现代应用文写作教程［M］. 第2版. 南京：东南大学出版社，2011.
[17] 张瑞年，张国俊. 应用文写作大全［M］. 北京：商务印书馆，2018.
[18] 中国公文写作研究会. 新编公文写作技巧与实用范例［M］. 北京：中共中央党校出版社，2011.
[19] 刘乐乐. 互联网视域下创新大学"应用写作"教学的路径研究［J］. 佳木斯大学社会科学学报，2020，38（04）：194-195+198.
[20] 朱媛. 高校经济应用文写作课程实践教学创新研究［J］. 汉字文化，2020（15）：23-24.

[21] 谭波媚. 视觉艺术在设计类专业《应用文写作》课程中的运用[J]. 高教学刊, 2020（24）: 102-105.

[22] 宋怡. 基于培养职业能力的高职应用文写作教学反思[J]. 财富时代, 2020（07）: 85.

[23] 成卓华. 应用写作教学中的美育略探[J]. 财富时代, 2020（07）: 120.

[24] 杨金鑫. 新时代打造高职应用文写作"金课"的策略探索[J]. 高教学刊, 2020（22）: 65-68.

[25] 聂晓燕. 应用文写作重点突破——如何适当地增加细节[J]. 教学考试, 2020（30）: 53-55.

[26] 孙百臣. 表格说明在应用文写作中的独特作用[J]. 秘书之友, 2020（07）: 23-28.

[27] 葛树强. 基于网络共享平台高职应用文写作多元化混合式教学模式策略研究[J]. 山东教育（高教）, 2020（06）: 56-58.

[28] 刘鲁宁. 汉字文化在应用文写作中的渗透[J]. 汉字文化, 2020（12）: 17-18.

[29] 刘晓娟, 李明欣. 关于高校应用文写作课堂教学的思考[J]. 金融理论与教学, 2020（03）: 114-115.

[30] 苏杰. 高职应用文写作教与学现状及改进对策[J]. 现代职业教育, 2020（24）: 130-131.

[31] 高明珠. 基于职场需求视角谈中职学生应用文写作能力提升策略[J]. 中国培训, 2020（06）: 70-71.

[32] 巨欢乐. 对高职应用文写作课程教学内容和教学模式的探究[J]. 山西青年, 2020（11）: 172-173.

[33] 焦文林. 应用文写作指导之三: 演讲稿[J]. 高中生, 2020（11）: 12-15.

[34] 龙彦君. 高职应用文写作课程教学方法实践探究——以陕西交通职业技术学院为例[J]. 陕西教育（高教）, 2020（06）: 40-41.